Chamuel Schauffert

Nur einen Flügelschlag von uns entfernt

Die Engel und Seraphim an unserer Seite

Die Ratschläge in diesem Buch sind sorgfältig erwogen und geprüft. Sie bieten jedoch keinen Ersatz für kompetenten medizinischen Rat, sondern dienen der Begleitung und der Anregung der Selbstheilungskräfte. Alle Angaben in diesem Buch erfolgen daher ohne Gewährleistung oder Garantie seitens der Autorin oder des Verlages. Eine Haftung der Autorin bzw. des Verlages und seiner Beauftragten für Personen-, Sach- und Vermögensschäden ist ausgeschlossen.

Wir verzichten auf das Einschweißen unserer Bücher – **UNSERER UMWELT ZULIEBE!**

ISBN 978-3-8434-1409-8

Chamuel Schauffert:	Umschlag: Elena Lebsack, Schirner,
Nur einen Flügelschlag	unter Verwendung von #351379106
von uns entfernt	(© Nikki Zalewski), #227029138 (© Nikki
Die Engel und Seraphim	Zalewski), #100184282 (© agsandrew)
an unserer Seite	und # 224648659 (© Polar_lights),
© 2019 Schirner Verlag,	www.shutterstock.com
Darmstadt	Layout: Elena Lebsack, Schirner
	Lektorat: Kerstin Noack, Schirner
	Printed by: Ren Medien GmbH, Germany

www.schirner.com

1. Auflage November 2019

Alle Rechte der Verbreitung, auch durch Funk, Fernsehen und sonstige Kommunikationsmittel, fotomechanische oder vertonte Wiedergabe sowie des auszugsweisen Nachdrucks vorbehalten

Inhalt

Vorwort 6
Mein Weg zu den Engeln und Seraphim 9
Hinweise zum Umgang mit Engeln und diesem Buch 15
Exkurs: Die Geschichte Luzifers 27
Unser Universum und das Erdenprojekt 32
Ein paar Antworten auf die wichtigsten Fragen zu Engeln 39
Die Engelhierarchien 59
Die Engelsphäre 74
Das Wesen der Engel 87
Engel im Universum 93
Engel auf der Erde 102
Herausforderungen und Hürden der Erdenengel 113
Tipps und Übungen für deinen Alltag mit Engeln 144
Schlusswort 170
Glossar 172
Danke 183
Über die Autorin 186
Bildnachweis 189

Vorwort

Engel … nie hätte ich gedacht, dass ich jemals ein Buch über diese Wesen schreiben würde. Bis vor 15 Jahren war mir die Existenz der Engel zwar bekannt, zumindest hatte ich schon viele Menschen über sie berichten hören, jedoch hatte ich überhaupt keine Ahnung, was der ganze Engel-Hype zu bedeuten hatte. Das Gerede über Schutzengel und dass sie auf einen achten, einen behüten, beschützen und dafür sorgen, dass einem nichts Schlimmes geschieht, erschien mir schlicht suspekt. Ihre »Überheiligkeit« erzeugte in mir ein Gefühl von Ungleichgewicht und nicht – wie es sein sollte – von Wohlbehagen.

Den Satz »Übergib deinem Engel all deine Sorgen und Ängste« fand ich unheimlich. Ich fragte mich, was der Engel damit überhaupt anstellen sollte. Ich konnte nicht glauben, dass die Engel solch eine Arbeit übernähmen bei dem Pensum, das sie meiner Meinung nach zu absolvieren hatten. Ich war davon überzeugt, dass die Engel unmöglich so sein konnten, wie sie mir beschrieben wurden.

Heute weiß ich, dass es Engel der unterschiedlichsten Kategorien gibt und sie selbstverständlich alle verschiedene Aufgaben erfüllen.

Als sich meine Wahrnehmung der feinstofflichen Welt erweiterte, erhielt ich tiefere Einsichten über die Engel und ihre Welt. Vieles, was ich wahrnahm, war anders, manches sogar komplett konträr zu dem, was ich gehört oder gelesen hatte. Natürlich kann ich nicht behaupten, das absolute Wissen über Engel zu besitzen. Und das obwohl ich, wie ich heute weiß, selbst aus der Engelsphäre stamme. Ich sehe das keineswegs als etwas Besonderes an. Schließlich bin ich – wie alle inkarnierten Wesen, die einen menschlichen/materiellen Körper erhalten haben – durch das Tor des Vergessens geschritten.

Es gibt sehr viele unterschiedliche Engel und folglich genauso viele unterschiedliche Meinungen über Engel. Daher rate ich dir: Vergiss, was vermeintliche Koryphäen auf diesem Gebiet behaupten, und richte dich ganz nach deiner Wahrnehmung. Denn das ist genau der Weg, der dich zu deiner persönlichen Engelwahrnehmung führt.

So einige Male habe ich mit Menschen heftig und emotional über Engel diskutiert. Das war oft ausgesprochen lustig und manchmal haarsträubend. Dann war es wieder einfach bezaubernd, und wir schwelgten in der Energie der Engel. Das brachte mich zu dem Glauben, dass es ausgeschlossen ist, dass es nur eine richtige Wahrnehmung der Engel gibt. Jeder Mensch hat seine Persönlichkeit und erlebt die Engelwelt aus seiner persönlichen Sicht. Daher gibt es viele Meinungen über Engel, und jeder darf für sich selbst entscheiden, welcher Meinung er sich anschließen kann und welcher nicht.

In Anbetracht der Tatsache, dass Michael und Uriel nicht von meiner Seite weichen, konnte ich einige Erfahrungen mit diesen beiden Seraphim sammeln. Beide sind meine geistigen Begleiter auf der Erde, in dieser Inkarnation. Im Laufe der Zeit kamen noch andere Engel hinzu, sodass ich meinen Horizont bezüglich dieser Energieform erweitern konnte. Die Engel jeglicher Bewusstseinsstufe bereichern mein irdisches Leben in hohem Maße, sodass mir nie langweilig wird.

Da ich die Engel auf eine Art kennenlernte, von der ich in dieser Form nirgends gelesen habe, entschloss ich mich, dich an meinen Erfahrungen und meinem Wissen teilhaben zu lassen.

Es ist wundervoll, über die Engel und im Speziellen über die Seraphim schreiben zu dürfen und dich dabei zu unterstützen, deinen Weg mit den Engeln zu finden. Auch wenn ich schon als Kind die sphärische Welt wahrnahm und Visionen hatte – was mir damals nicht bewusst war –, weiß ich dennoch, dass es wichtig ist, sich immer wieder neu auf Engel oder die feinstoffliche Welt einzulassen.

Du wirst deine individuellen Erlebnisse haben und dir ein eigenes Bild von der Engelwelt machen. Genau das ist mein Ziel.

Wir alle sind unterschiedliche Aspekte der Einheit oder von Gott, und daher betrachten wir die Gegebenheiten aus unterschiedlichen Blickwinkeln. Was wir fühlen, ist nicht falsch oder richtig, es ist schlicht das, was wir in diesem Augenblick mit all unseren Sinnen wahrnehmen. Und so hat jeder von uns seine ganz eigene Wahrheit. Auch über Engel. Vertraue dir und deiner Wahrheit. Sie ist im Augenblick deines Gefühls wahr.

Ich wünsche dir viele tief berührende und freudige Momente mit den Engeln.

Deine Chamuel

Mein Weg
zu den Engeln und Seraphim

Dass ich die feinstoffliche Welt von Beginn meines Daseins auf der Erde an wahrnehmen konnte, war mir nicht bewusst. Ich sah zwei verschiedene Welten in einer. Dass das auf der Erde etwas mehr oder weniger Ungewöhnliches war, dämmerte mir erst sehr viel später. Und so lebte ich in diesen zwei Welten, war gern mal allein, damit ich in der anderen Welt sein konnte, und gleichzeitig absolvierte ich meine irdischen Aufgaben. Alles, was mir in der »normalen« Welt begegnete, war mir zu oberflächlich oder faszinierte mich nicht. Mein inneres Feuer wurde nicht entfacht, und die kleine Flamme, die sich ab und an zeigte, erlosch immer wieder recht schnell.

Erst sehr viel später, als ich schon erwachsen war, war meine Zeit des spirituellen »Dahinträumens« vorbei. Der Moment des Erwachens war gekommen. Schnell lernte ich, dass man über diese Themen nicht kommunizierte, was ich nicht sonderlich abwegig fand, sondern normal. Es gibt ja im irdischen Spiel ebenfalls Themen, die nicht unbedingt auf den Tisch kommen.

Das Leben floss, und ich erlebte viele wundervolle Dinge, aber auch welche, auf die ich komplett hätte verzichten können. Die feinstoffliche Welt spielte für mich keine allzu große Rolle, ich konzentrierte mich mehr auf das Irdische. Obwohl ich mich immer von spirituellen Dingen angezogen fühlte, blieb ich nie dran, sondern verlor recht schnell wieder das Interesse. Zumindest empfanden das meine feinstofflichen Begleiter so … ich selbst sah das ganz anders. Ich war jedoch nicht gewillt, etwas an meinem wundervollen Leben zu ändern. Ich war damit zufrieden, wie es war. Und so ignorierte ich hartnäckig die liebevoll gemeinten Aufforderungen, mich mit der Spiritualität zu beschäftigen. Doch hatte ich die Rechnung ohne meine Begleiter gemacht. Sie erhöhten den Druck und steigerten ihn nach und nach ins Unermessliche. Plötzlich war mein Leben nicht mehr von Zufriedenheit, sondern von Sorgen um meinen Sohn erfüllt. Im Klartext heißt das: Ich wurde gezwungen, mich mit der Spiritualität auseinanderzusetzen. Engel sind, was das angeht, sehr zielstrebig und verlieren nie die Geduld. Da mir tatsächlich nichts anderes übrig blieb, als den Weg der Spiritualität einzuschlagen, ergab ich mich letzlich meinem Schicksal – mein Weg zu mir selbst begann.

Nach und nach erhielt ich mehr Einsichten in die feinstoffliche Welt. Ich spürte meine zwei Begleiter immer intensiver, bis der Tag kam, an dem ich begann, mit ihnen zu kommunizieren. Seraphim Michael richtete das Wort direkt an mich, was ehrlich gesagt ein Schock für mich war. Bis zu diesem Zeitpunkt sah ich meine Begleiter, sprach jedoch nicht mit ihnen. Ab diesem Tag war die Grenze aufgehoben, und fortan hatte ich keine Ruhe mehr. Nach einiger Zeit gesellte sich Seraphim Uriel mit Kommentaren und Anweisungen hinzu. Beide werden bis heute nicht müde, ihre Meinung zu meinem menschlichen Lebensstil kundzutun. Wir begannen, uns besser kennenzulernen, und ich erfuhr, dass meine zwei Begleiter Michael und Uriel heißen. Das beeindruckte mich nicht sonderlich. Erst, nachdem sie mir eröffneten, dass sie Erzengel sind, begann ich, die Bedeutung ihres Daseins zu erahnen. Für mich waren sie bis zu diesem Moment einfach zwei Wesen, die auf mich achtgaben und zumindest versuchten, mich unter »Kontrolle« zu bekommen, denn sie hatten einen Plan – oder besser gesagt, einen Auftrag –, das wusste ich zu diesem Zeitpunkt jedoch nicht. Glücklicherweise gaben sie mir Zeit, mich an die neue Situation zu gewöhnen.

Eines Tages, es war im Dezember, las ich ein Buch über Engel. Ich kann mich noch genau an einen bestimmten Moment erinnern, als in diesem Buch den Satz las: »Erzengel arbeiten nur mit Königen, Regierungschefs und hochgestellten Persönlichkeiten.« Peng, das saß. Ich kam mir sehr klein, unbedeutend und erniedrigt vor. Was bildeten sich die Erzengel ein, zwischen den Menschen zu unterscheiden?! Es konnte doch nicht jeder Regierungschef, eine hochgestellte Persönlichkeit oder gar ein Royal sein. Ich konnte mir nicht vorstellen, dass Gott nicht jedem Wesen, ganz gleich welchen Status es auf der Erde hatte, seine uneingeschränkte Unterstützung zukommen lassen würde.

In diesem Moment erinnerte ich mich daran, dass meine zwei Begleiter ebenfalls Erzengel waren, und ich gehörte ganz sicher nicht zu den oben erwähnten Kategorien. Mich befiel eine solche Traurigkeit, dass ich sagte: »Was wollt ihr zwei überhaupt bei mir? Ich bin nichts von dem, was in dem Buch beschrieben ist. Ich bin eine Krankenschwester, die ihren Beruf mit Leidenschaft erfüllt und die glücklich ist, wenn es ihrer kleinen Familie gut geht. Also empfehle ich euch, von hier zu verschwinden und mich in Ruhe zu lassen.« In dem Augenblick, als ich diesen Gedanken hatte, schmiss ich innerlich eine Tür zu. Was nichts nützte, denn Uriel stellte einen »Fuß« hinein und stieß meine innere Tür wieder auf.

Meine Traurigkeit hatte sich mittlerweile in eine gewisse Unlockerheit gewandelt, standen beide doch jetzt vor mir und schauten mich mit einem Lächeln an. Das war eindeutig nichts, was mich besänftigte.

Michael sagte: »Schau, du musst nicht glauben, was in diesem Buch steht. Wir sind doch an deiner Seite, und wir sprechen mit dir und begleiten dich. Wir gehen auch niemals weg. Selbst wenn du uns nicht mehr in deiner Nähe haben willst, sind wir dennoch weiterhin an deiner Seite. Erzengel sind für alle da.« Vor Erleichterung kamen mir fast die Tränen, war mir der Gedanke, dass sie mich verließen, doch unerträglich. Seit diesem Tag besitze ich ein tiefes inneres Vertrauen in meine zwei Begleiter, in meine beiden Erzengel.

Sie schulten mich, und ich entwickelte mich in ihren Augen zu dem, was ich werden sollte: einer spirituellen Lehrerin. Dass das ihr Plan war und noch vieles mehr, war mir zu diesem Zeitpunkt gänzlich verborgen. Ich begann, mich tiefer gehend mit der feinstofflichen Welt auseinanderzusetzen und fragte mich, woher ich kam. Also gab es Engel, aber was gab es wohl sonst noch? Ich erhielt das Wissen, dass viele unterschiedliche Seelensphären existieren, in denen die Seelen aller Wesen verankert sind. Seelensphären sind gigantische Energiefelder im Universum, die wir als unsere kosmische Heimat betrachten können. Zumindest so lange, bis wir wieder in die Einheit eintauchen.

Nun, ich wusste jetzt, dass es die verschiedenen Seelensphären gibt. Was ich nicht wusste, war, woher ich komme. Das sollte ich kurze Zeit später erfahren.

Eines Tages saßen wir drei wie so oft zusammen, und Michael und Uriel klärten mich über diverse Dinge auf. Ich erhielt also wieder einmal eine Lehrstunde. Auf einmal kam mir die Idee, sie direkt zu fragen, woher ich kam und aus welchem Grund beide bei mir waren. Bis dahin hatte ich nicht verstanden, warum ausgerechnet diese beiden Erzengel an meiner Seite waren. Michael sagte: »Wir sind an deiner Seite, weil wir deine Brüder sind.«

»Ah ja … wir sind alle Brüder und Schwestern. Alles klar«, dachte ich. Ich kann den Blick, mit dem Michael mich betrachtete, nicht beschreiben. Jedoch war er sehr seltsam. Ganz langsam sagte er: »Nein, wir sind nicht alle irgendwie Brüder und Schwestern. Ich bin wirklich dein Bruder.«

Was um Himmels willen sollte das bedeuten? Klar war mir in diesem Moment nur eins: Die Lehrstunde war zu Ende. Ich musste jetzt über essenziellere Dinge nachdenken als über ihre Lehren. Ich fragte mich: »Michael ist ein Engel … er soll mein Bruder sein, was immer das auch bedeutet, was bin dann ich?« Offensichtlich musste ich auch ein Engel sein. Nach einem heftigen inneren Kampf akzeptierte ich letztlich, dass ich ebenfalls der Engelsphäre entsprungen bin. Es war ein langer Weg, bis ich zulassen konnte, dass Engel Menschen nicht nur auf der Erde begleiten, sondern dass sie selbst ebenfalls als Menschen auf die Erde inkarnieren.

Nachdem ich endlich mein Zuhause in mir gefunden hatte, begann ich, mich intensiv mit der Engelsphäre auseinanderzusetzen, was mich dazu brachte, die Energie der Engel genauer wahrzunehmen, besonders das Bewusstsein Michaels. Die Erzengel repräsentieren die zweitniedrigste von insgesamt neun Bewusstseinsstufen der Engelhierarchie. Michael ist jedoch der oberste Boss der Engel und des Universums. Wie kann es sein, dass ein Erzengel die Engel und das gesamte Universum anführt? Es kann gar nicht sein, dachte ich mir.

Ich bat Michael und Uriel, mir die Frage zu beantworten. Beide sahen mich eindringlich an, und dann begann die Wandlung vom Erzengel zum Seraphim. Vor meinen Augen. Michael und Uriel präsentierten sich mir zum ersten Mal in ihrer wahren Gestalt. Ich war bereit, ihre geballte Macht und Kraft zu erfahren. Ich war endlich bereit, mit der höchsten Energie der Engelsphäre zu arbeiten. Mit der Energie der Seraphim. Ich war tief bewegt und berührt.

Irgendwann, als ich mich einigermaßen beruhigt hatte, fragte ich sie, warum sie nicht schon früher in ihrer wahren Natur erschienen waren. Der Grund war, dass die Erdschwingung zuvor zu niedrig gewesen ist. Jetzt war sie auf einem so hohen Niveau, dass sie sich in ihrer Essenz offenbaren durften.

TIPP

Jedes Wesen auf der Erde hat seine persönliche Art, seine Umgebung – materiell oder feinstofflich – wahrzunehmen. Es ist wichtig, dass du dich nicht darauf fixierst, die Engel so wahrzunehmen, wie es dein Gegenüber, ein Autor oder ein spiritueller Lehrer tut, sondern deine eigene Wahrnehmung entwickelst und schulst.

 Übungsimpuls

Lege dir ein Heft zu, in dem du nach Bedarf Alltagssituationen, beispielsweise, wenn dich ein Schauer erfasst oder du einen Windhauch spürst, wo keiner sein dürfte, notierst und was du in einer Situation gedacht und oder gefühlt hast. Lies dir das Geschriebene immer mal wieder durch. Das hilft dir, deine eigene Wahrnehmung besser kennenzulernen.

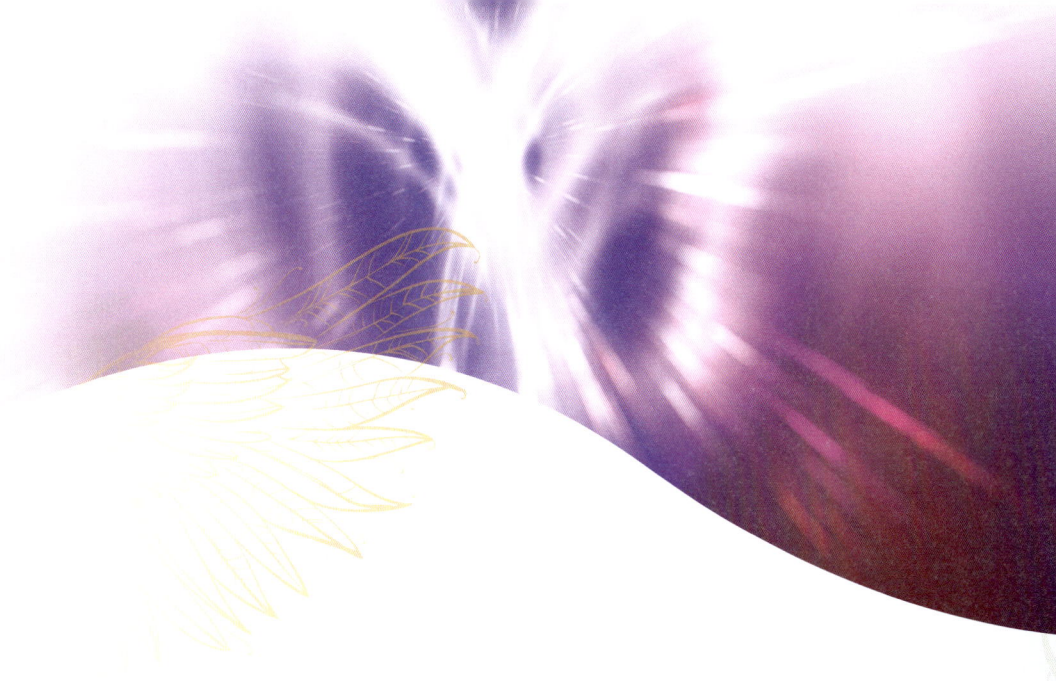

Hinweise zum Umgang
mit Engeln und diesem Buch

Wesen mit Flügeln trifft man in vergangenen wie in modernen Kulturen an. In allen Weltreligionen finden Engel Erwähnung und werden verehrt. In Buchhandlungen mit spiritueller Abteilung sind zumeist unzählige Bücher über die Engel vorhanden. Engel waren in jeder Zeitepoche in unterschiedlichen Formen gegenwärtig. So schwirren viele Eindrücke und Meinungen über Engel durch den Raum. Einen Überblick zu bekommen, erscheint schwer bis unmöglich. Das ist normal, da jeder Mensch seine ureigene Wahrnehmung von Engeln besitzt und diese gern mit anderen teilen will.

Der Nebel, der sich eventuell durch die unendliche Fülle in dir bildet, wird sich lichten, sobald du selbst anfängst, mit Engeln zu kommunizieren oder deine eigene Wahrnehmung der Engel entwickelst.

> **TIPP**
>
> Rede mit deinen Engeln, selbst wenn du am Anfang keine klaren Antworten erhalten solltest oder ihre Sprache nicht verstehst. Irgendwann wirst du deine Art der Kommunikation entwickeln und viel Freude mit den Engeln haben.

 Übungsimpuls

Sprich mit den Engeln, während du beispielsweise Hausarbeit erledigst, kochst oder duschst.

Du kannst mit hundert verschiedenen spirituellen Menschen reden, und jeder wird dir seine Sichtweise erläutern und behaupten, den einzig wahren Weg gefunden zu haben. Für die jeweilige Person ist das auch richtig und wichtig, dies muss jedoch nicht auf dich zutreffen.

Du bist einzigartig, und nur du kannst entscheiden, wie du fühlst und was du glaubst. Es ist entscheidend, dass du deinen eigenen Weg findest – frei von Manipulation. Dein Weg gehört zu dir, niemand außer dir kann die Schritte wählen und gehen.

Ich möchte dir in diesem Buch unterschiedliche Wege aufzeigen, jedoch wirst du für dich selbst herausfinden müssen, welche du gehen möchtest. Ich darf dir Vorschläge unterbreiten, und du entscheidest, ob du sie annimmst.

Die Ideen in diesem Buch sind kleine Samenkörner, die jeweils einen Weg der Entfaltung aufzeigen. Diesen winzig kleinen Trieben solltest du in dir genügend Raum zum Wachsen geben. Nur so kannst du dich selbst erfahren, in Eigenverantwortung wachsen und herausfinden, was dir am besten gefällt und wobei du die klarsten Gefühle entwickelst.

Meine Empfehlung ist: Lasse zu, was dich berührt und womit du dich identifizieren kannst. Ignoriere alles andere. Meist überlesen wir, was noch nicht für uns bestimmt ist. Ich bin sicher, dass deine Wahrnehmung sich wandeln wird, da du dich weiterentwickelst. Genieße diesen Wandel in vollen Zügen, und nutze ihn in deinem Alltag. Alles, was dir im Leben auf der Erde begegnet, kommt zu dir, damit du erkennst, wie großartig du bist. Es zeigt dir auf, was du alles bewältigen könntest, wenn du nur wolltest.

Du kannst von allen Situationen lernen und an ihnen wachsen. Dies funktioniert allerdings nur, wenn du bereit bist, dafür auch selbst etwas zu vollbringen und in die Eigenverantwortung zu gehen!

TIPP

Alle Engel, gleich welchen Bewusstseins, werden dich allzeit unterstützen. Wenn du meinst, eine Aufgabe nicht bewältigen zu können, wende dich vertrauensvoll an sie.

In diesem Buch werden dir Tipps und Übungen oder Übungsimpulse begegnen. Sei ganz frei darin, welche Tipps und welche Übungen du umsetzt. Empfehle ich beispielsweise, eine Übung 14 Tage hintereinander durchzuführen, du hast aber nach drei Tagen keine Ambitionen mehr, sie weiterzuführen, dann ist die logische Schlussfolgerung, dass diese Übung nicht zu dir passt und auch nicht das gewünschte Resultat oder Gefühl bringen wird – das ist nicht schlimm. Bewerte dies nicht. Vielleicht bist du eher ein »Sprint-Typ«, dann ist Ausdauersport nichts für dich. Genauso verhält es sich andersherum: Stehst du auf ausgiebiges Meditieren, dann werden dir die »Sprint-Übungen« weniger zusagen. Nimm es gelassen, einige Seiten später ist bestimmt eine Übung dabei, mit der du dich wohlfühlst! Wir sind in unseren Empfindungen und in unserem Ausdruck so unterschiedlich, wie wir es nur sein können. Ich kann nur erklären, was geschehen *könnte,* sofern du eine Übung durchführst, jedoch muss dies nicht auf dich zutreffen.

Ein weiterer Grund, weshalb du die Übungen vielleicht anders erleben wirst als ich oder ein anderer Leser, ist, dass du am Tag zahlreiche Dinge erlebst, die eine bestimmte Stimmung in dir hervorrufen. Hinzu kommt, dass die Erdenergie sowie die Energie im Kosmos mit wechselnder Intensität schwingen, je nachdem, welche Aktivitäten gerade stattfinden. Es kann geschehen, dass du eine Übung heute und in drei Tagen mit völlig anderen Resultaten vollbringst. Solche Abenteuer sind sehr spannend und zeigen, wie vielfältig du bist. Lerne dich aus vielen Blickwinkeln kennen, und erlebe dich im Alltag in diesen zahlreichen Facetten.

TIPP

> Die Engel werden dich beobachten und sich auf dich einstellen. Das bedeutet, dass du dich den Engeln nicht anpassen musst. Ganz im Gegenteil: Sie werden deine Art der Kommunikation übernehmen.

Ein weiterer Grund für unterschiedliche Übungsresultate sind die verschiedenen Bewusstseinsebenen der inkarnierten Seelen. Der Grad des Bewusstseins auf der Erde ist von diversen Faktoren abhängig. Zu nennen wäre hier beispielsweise die Dimensionsebene deiner Seelensphäre oder Engelsphäre, aus der du inkarnierst. Des Weiteren ist maßgeblich, welche Aufgabe du auf der Erde für dich gewählt hast. Und letztlich, wie deine Inkarnation bis jetzt verlaufen ist. Hattest du die Möglichkeit, alle Ebenen in dir zu öffnen, oder wurdest du durch andere Menschen, beispielsweise durch deine Erziehung, daran gehindert? All diese Dinge beeinflussen deine persönlichen Fähigkeiten und deine Wahrnehmung.

Deine Engelkommunikation wird sich verbessern, wenn du übst. Du kannst jede Übung und jeden Tipp anwenden, sofern du das willst. Dabei ist es egal, ob du zum ersten Mal eine Übung probierst oder schon jahrelange Erfahrung gesammelt hast. Sofern dir eine Übung beim Durchlesen nicht zusagt, probiere sie erst gar nicht. Sie ist offensichtlich zu diesem Zeitpunkt nicht für dich bestimmt. Verlasse dich auf dein Gefühl. Vielleicht versuchst du es ein andermal, oder vielleicht sagt dir diese Übung auch niemals zu.

TIPP

Bleibe im Gefühl dessen, was du für dich als wahr empfindest, und versuche nicht, eine Übung »durchzuboxen«. Auch dann nicht, wenn ein Bekannter diese Übung als besonders erfüllend empfindet.

Alle Übungen sollten mit Freude absolviert werden. Du solltest unbedingt bei allem, was du erlebst, Spaß haben. Eine Verbindung zur Engelsphäre kann nur dann erfolgreich sein, wenn du dir diese Verbindung tatsächlich aus tiefstem Herzen wünschst und die Schwingung der Freude aussendest.

Falls du bei einer Übung leicht ermüdest oder sie dir schwerfällt, bedeutet dies, dass du etwas mehr Zeit brauchst, um dich ganz aufs Fühlen oder Wahrnehmen einzulassen. Das ist natürlich und bedeutet keinesfalls, dass du es nicht kannst. Besonders, sofern du es nicht gewohnt bist, spirituelle Übungen zu meistern, solltest du Geduld mit dir haben. Daher würde ich dir empfehlen, das Abenteuer zu wagen und dich ohne Erwartungen und ohne Druck ganz auf deine Wahrnehmungen zu konzentrieren. Wir sind nicht in der Schule, in der du Leistungen erbringen musst. Auch die geistige Sphäre bewertet nicht. Bleibe gelassen, und lasse alles in deinem Rhythmus und deiner Intuition entsprechend geschehen.

Ab und an kann es vorkommen, dass der Zeitpunkt für eine bestimmte Übung schlicht nicht passend

ist. Gib in solchen Momenten bitte nicht auf, sondern versuche es an einem anderen Tag, zu einer anderen Zeit noch einmal. Das ist viel leichter, als frustriert weiterzuüben.

TIPP

> Vertraue deinen Begleitern, dass sie den für dich richtigen Weg offenbaren. Sie halten konstant Rücksprache mit deiner Urseele. Kein Engel wird dich jemals bewerten. Willst du Kontakt zu den Engeln herstellen, so gelingt das nur über die Freude, die du in deinem Herzen spürst.

Jeder Mensch hat seine eigene universelle Geschichte, aus der heraus seine Wahrnehmung und seine persönlichen Ansichten entstehen. Aus ihnen wiederum gestalten sich seine verschiedenen Handlungen und Sichtweisen, die das irdische und kosmische Leben um ihn herum bewegen.

Unser Denken und Fühlen erzeugen die Schwingung, die uns umgibt. Denken wir positiv, verstärkt sich das Positive in unserem Leben. Beispiel: An einer viel befahrenen Straße lässt ein Autofahrer einen anderen einscheren, dieser wiederum lässt an der nächsten Kreuzung Platz, damit sich ein weiteres Auto in den Verkehr einfädeln kann. So erzeugen wir gemeinsam ein Feld der positiven Energie. Das Erlebte bestärkt uns darin, weiterhin ein freundliches Miteinander im Verkehr zu verwirklichen.

Aus welcher Seelensphäre kommst du? Was hast du vor deiner aktuellen Inkarnation erlebt? In welche irdische Gesellschaftsform wurdest du geboren? Inwieweit wurdest du durch deine irdischen Eltern geprägt? Welches Umfeld drückte dir seinen Stempel auf? Was für eine Persönlichkeit bist du, und welche Seelenanteile hast du mitgebracht? Fragen über Fragen, und jede Frage, die du für dich beantwortest, offenbart dir deine Wahrnehmung, deine Sichtweisen und deine Einstellung den verschiedensten Dingen gegenüber. Das ist der Grund, warum es viele unterschiedliche Meinungen zum Beispiel über Engel gibt.

TIPP

Das Wichtigste im Leben ist: Finde heraus, was du leben willst und wie du es in der Realität umsetzen kannst. Hierbei sind dir die unterschiedlichen Engel gern behilflich. Vergiss im Alltagsstress nicht, die Engel in dein Leben einzubinden.

Es ist vollkommen natürlich, dass jeder von uns die Welt aus einer anderen Perspektive betrachtet. Wurdest du beispielsweise im tiefsten Amazonasgebiet geboren, wirst du die Erde aus einem anderen Blickwinkel wahrnehmen, als wenn du in Hamburg oder Zürich das Licht der Erde erblickt hast. Es bedeutet keineswegs, dass wir nicht letzten Endes zur gleichen Sichtweise gelangen könnten. Ist das der Fall, haben wir nur unterschiedliche Wege bestritten, um zum gleichen Ergebnis zu kommen.

TIPP

Dein Weg ist immer der richtige. Und niemand außer dir kann deinen Weg beschreiten. Die Engel sind Weggefährten, die dich dabei unterstützen, deinen Weg zu erkennen.

Falls du dem Irrglauben erliegst, dass ein Engel oder ein Seraphim alles besser wüsste als du, so lasse dir sagen: Nein, dem ist nicht so! Niemand kann deine Essenz besser leben als du selbst. Bitte vertraue der Aussage eines Engels nicht blindlings! Besonders dann nicht, wenn dir die Botschaften von Dritten übermittelt werden und du sie nicht selbst erhältst. Erstens weißt du nie mit Gewissheit, ob die Aussage stimmt, schließlich spricht der Engel durch die andere Person. Und zweitens stellen Engel Fallen, um zu erkennen, wie viel Eigenverantwortung du für dich übernimmst. Deine Selbstständigkeit ist den Engeln sehr wichtig. Sie werden keiner Bewusstseinserweiterung zustimmen, wenn du Verantwortung abgibst oder dich weigerst, die Verantwortung für deine Handlungen zu tragen.

Ist die Aussage eines Engels für dich nicht stimmig, so frage nach, wie sie zu verstehen ist. Scheue dich nicht, gegebenenfalls ganz ungeniert mit deinem Gegenüber bzw. dem Engel zu diskutieren. Weiß dein Gegenüber keine Antwort mehr, kannst du sicher sein, dass er heftig mitmischt. Manchmal ist ein Tipp von einem Engel für die Erde auch unbrauchbar. Engel kennen nicht alle Gegebenheiten und können sich daher nicht zur Gänze einfühlen. In der Regel kannst du mit Engeln jedoch reden wie mit einem wundervollen Freund.

Engel sind dazu da, dir bzw. dem Universum zu dienen, jedoch sind sie nicht deine Leibeigenen, die dir alle Wünsche erfüllen. Stellst du Forderungen an sie, werden sie jegliche Unterstützung verweigern. Stelle dir vor, du wünschst dir etwas von deinem Schutzengel oder einem Seraphim! Was darf es sein? Ein neuer Job? Eine neue Liebe? Mehr Geld? Eine größere Wohnung? Ein schickeres Auto? Intensiveren Kontakt zur geistigen Ebene? Viele Menschen meinen: Was auch immer du willst, teile es deinem Schutzengel mit, und er wird es im Universum für dich bestellen, da das Universum dir schenkt, was du willst und was dir zusteht! Doch leider ist das eine Illusion, die von Luzifer im großen Stil genährt wird.

Was nun folgt, ist nicht dazu bestimmt, zu bewerten, sondern dazu, allen Sichtweisen Einlass in das Bewusstsein zu geben. Wollen Menschen ihre spirituelle Weisheit auf die Art des Wünschens leben, so ist es nicht an mir, dies zu bewerten oder ihnen Vorschriften zu machen. Mir geht es darum, Verständnis für jegliche Handlungen zu erlangen und alle Sichtweisen zu betrachten. Jeder Weg, den wir beschreiten, ist ein Weg zu uns selbst. Wie weit ein Weg ist, nun, wer weiß das schon im Vorhinein. Was ich schreibe, bezieht sich ausschließlich auf meine selbst erlebten Erfahrungen und auf meine eigene Weisheit.

»Lieber Schutzengel, Seraphim Michael ... ich bestelle mir ... ich wünsche mir ..., könntest du bitte ... für mich erledigen, ich danke dir.« Sollte es wirklich derart einfach sein?

Nein, dies ist in keiner Weise der Fall. Denn all jene, die auf diese Weise handeln, vergessen meist ein wichtiges kosmisches Gesetz – das Gesetz der Schöpferkraft und der persönlichen Bewusstseinsentfaltung.

Es kann keine persönliche Entfaltung und Entwicklung stattfinden, wenn wir unsere Bedürfnisse einfach wie bei einem Katalog bei irgendeinem geistigen Wesen anbringen, gleich, ob diese Wesen Engel, Erzengel, Seraphim, Aufgestiegene Meister, Avatare, Sternen-, Planetenwesen oder sogar Gott selbst sind. Das Universum und auch Gott sind kein Versandhaus.

Ist es nicht so, dass alles, was wir aus eigener Kraft geschafft haben, für uns einen unschätzbaren Wert besitzt? Du wirst eine Sache, die du dir selbst erarbeitest, wesentlich höher schätzen, als wenn sie dir nebenbei in den Schoß fällt. Der persönliche Weg des Erschaffens beinhaltet viele Hürden, und sie zu überwinden, stärkt unsere Seele wesentlich tief greifender, als wenn wir alles geschenkt bekommen.

Die eigene Schöpferkraft zu erfahren, aktiviert weitere Prozesse, die dich zu deinem eigenen Meister werden lassen. Das Erlebte fördert deine innere Kraft und Macht. Wenn wir zunächst verzweifelt sind, weil etwas nicht so funktioniert, wie wir es uns vorgestellt haben, wir es aber dann letzten Endes doch schaffen, dann ist das ein erhebendes Gefühl, das in uns Lebensfreude und die Motivation zur Selbstverwirklichung erzeugt. Dieses Gefühl, etwas aus eigener Kraft gemeistert zu haben, kann dir kein Engel übermitteln.

Natürlich ist es ebenso wunderbar und freudvoll, ein Geschenk zu erhalten. Wie wäre es jedoch, wenn wir tagtäglich ohne unser Zutun beschenkt würden? Da verlöre sich sehr schnell das Besondere. Und: Gefällt uns jedes Geschenk? Oder noch wichtiger: Bereichert uns das Geschenk? Fördert es unsere Entwicklung und die Entfaltung unserer Seele? Ich befürchte … nein.

Viele Menschen vergessen zudem, dass alle Wünsche, die erfüllt werden, eine Gegenleistung beanspruchen. Kein Geschäft auf Erden gibt dir seine Waren umsonst. Die Menschen, die die Waren produzieren, diejenigen, die sie transportieren, der Händler selbst, nicht zu vergessen die Verkäufer wollen ebenso wie du auf der Erde leben. Hierfür bedarf es eines Ausgleichs, zumeist in Form von Geld, durch Tausch und so weiter. Erhältst du etwas, darfst du gleichfalls etwas geben. Dies gilt für alle Ebenen und alle Dimensionen in jeglichen Energiefeldern. Nur geben wir wirklich etwas?

Ein herzlicher Dank voller Liebe an deinen Engel oder sonstige geistige Wesenheiten ist hierbei nicht unbedeutend, jedoch wird dieser nicht als gleichwertiger Ausgleich angesehen, denn ein Engel erfüllt dir deine Wünsche gleichfalls voller Liebe.

Der Engel würde dich vielleicht fragen: Welche Handlungen hast du für die Erfüllung deines Bedürfnisses auf Erden physisch und geistig vollbracht?

Es zählt nicht, dass du dich hingesetzt und deinen Wunsch formuliert oder ihn gegebenenfalls aufgeschrieben hast. Der Engel musste ja ebenso hinhören, was du zu sagen hast.

Der Sinn einer Inkarnation auf Erden ist, das eigene Bewusstsein zu entfalten und Meisterschaft zu erlangen. Dass wir hierbei Unterstützung aus den geistigen Sphären erhalten, ist, Gott sei Dank, der Fall. Dabei verhält es sich wie beim Lernen in der Schule: Der Lehrer wird einem Kind erklären, wie eine Sache funktioniert oder gehandhabt werden sollte.

Am Anfang wird er es unterstützen und ihm bei Bedarf hilfreich unter die Arme greifen. Ab einem gewissen Punkt wird der Lehrer seine Unterstützung jedoch zurückziehen, und der Schüler wird getestet, um zu sehen, welche Lernschritte er vollzogen hat. Ebenso agiert die geistige Ebene mit den inkarnierten Seelen auf der Erde. Wie sonst sollten wir eine Lernaufgabe mit allen Sinnen meistern, wenn wir unsere geistigen Begleiter alles erledigen lassen? Wie sonst kämen wir auf die nächste Stufe der Bewusstseinsleiter, wenn wir nicht selbst unseren Fuß heben und ihn voll Freude über das Erreichte auf die nächste Sprosse setzen?

Nun magst du vielleicht anbringen: »Ich habe doch ein glückliches Leben in Fülle verdient, dies ist mein Geburtsrecht.« Doch leider geht es auf der Erde nicht danach, was du verdient oder nicht verdient hast. Ich gehe sogar so weit, zu sagen, es geht niemals, in keiner Dimension, darum, was wir verdient haben. Diese Annahme ist für mich ein rein menschengemachter Gedanke.

Meine Wahrnehmung ist: Es geht einzig darum, Meister seiner selbst zu werden. Sprich, die Liebe und die daraus sprudelnde Weisheit in sich zu entfalten! Sich und sein Wesen aus allen Blickwinkeln betrachten zu können, finde ich persönlich wichtiger, als materiellen Reichtum oder Fülle auf Erden zu erfahren. Gehört dies zu meinem Weg, ist es ein erfreulicher Nebeneffekt. Habe ich jedoch, bevor ich inkarnierte, einen anderen Lernweg für mich ausgewählt, dann ist auch dieser gut.

Es liegt nur an uns selbst, den Reichtum oder die Fülle in unserem Leben zu sehen. Manche sind eben reich an Hindernissen, andere sind reich an Erfahrungen und wieder andere sind reich an materiellen Gütern. Gleich, welches Paket wir an uns selbst geschickt haben, wir dürfen es öffnen und lernen, das Vorhandene zu nutzen, um uns zu entwickeln.

Das wahre Recht auf Erden ist das Recht der Entfaltung. Und das kann jeder nur mit Selbstverantwortung und eigenständigem Handeln erreichen. Um Unterstützung bei diesem Vorhaben darf man allemal bitten. Und zwar nicht nur die geistige Ebene, wir haben genug Mitmenschen, die uns liebend gern behilflich sein werden. Bauen wir unser Boot und fangen selbst an, zu rudern! Dann können wir bestimmen, welchem Kurs wir folgen wollen. Dann kannst und wirst du das Leben führen, das du dir erträumst. Der Traum wird zu deiner Realität.

Mit den Engeln zu arbeiten, kann eine große Hilfe sein, die du jederzeit in Anspruch nehmen kannst. Jedoch niemals als Bittsteller, sondern immer in deiner eigenen Kraft. Hierzu tritt mit einem Engel deiner Wahl in Kontakt.

Übrigens: Engel sind weder die Rache des Göttlichen, noch sind sie deine persönlichen Diener. Sie dienen, jedoch nicht dir als Person, sondern dem Universum und Gott. Und wenn sie dienen, dann nicht in der Energie des Holens, Bringens oder Befriedigens. Sie sind liebevolle und strenge Seelen, die viele Aufgaben im Universum wahrnehmen.

Du kannst immer und überall die Engel, gleich welcher Bewusstseinsstufe, bitten, dich zu unterstützen. Bis auf einen: Luzifer.

Exkurs:
Die Geschichte Luzifers

In einem Buch über Engel ist es beinahe unerlässlich, die Gegebenheiten rund um Luzifer zu beleuchten. Um diesen Engel existieren unzählige Mythen, Meinungen und Thesen. Mir ist bewusst, dass meine Sichtweise zum Teil ein neues Licht auf ihn wirft, da ich erläutere, wie Luzifer wurde, was er ist. Letztlich ist jedoch nur wichtig, was er ausstrahlt und was daraus entsteht.

Als das Universum entstand, bewirkte ein gigantischer Liebes-Tsunami eine intensive Verwirbelung der vorhandenen Energieströme. Die Seelen, die sich im Zentrum des Sturms befanden, erlebten ein Chaos, das in der bis dahin bestehenden Einheit unbekannt war. Die Energieverwirbelung bewirkte, dass die Seelen sich ihrer selbst und ihres Daseins nicht mehr bewusst waren. Dieser Umstand wiederum führte dazu, dass die Seelen für diejenigen, die zwar eine Erschütterung, jedoch keine Verwirbelung erlebten, nicht mehr greifbar waren. Wie bei einem unvollständigen Puzzle fehlten auf einmal

Teile. Viele Seelen versuchten, die fehlenden Puzzleteile zu finden, jedoch misslang jeder Versuch. Eine Seele wollte und konnte nicht aufgeben und bemühte sich unablässig, die verwirrten Seelen ausfindig zu machen. Diese Seele war der Engel Luzifer.

Die Unnahbarkeit der verwirrten Seelen hatte eine dramatische Situation zur Folge. Um die gesamte Gruppe herum entstand eine sehr feine Schwingung, die das Energiefeld von der Einheit trennte. Die Membran baute sich langsam auf und drohte sich zu schließen. Drei Engel, die sich ihre Bewusstheit bewahrt hatten, übernahmen die Aufgabe, zu verhindern, dass der Zugang zur Einheit vollkommen geschlossen wurde. Ihre Namen sind Seraphim Michael, Seraphim Zadkiel und Seraphim Luzifer.

Allen Seelen war bewusst, dass die Trennung von der Einheit nur dann verhindert werden konnte, wenn die Seelen ihre Bewusstheit zurückerlangten. Doch die Seelen waren unerreichbar, und die Membran schloss sich immer weiter. Die drei Engel suchten einen Weg, das Chaos im Bewusstsein der Seelen zu beseitigen und bewegten sich in eine Richtung, die sich aus heutiger Sicht als fatal erwiesen hat. Da für die Seelen das hohe Schwingungsniveau der Einheit unerreichbar erschien, sollte ein Engel seine Schwingung dem der Wesen angleichen, die ihr Bewusstsein eingebüßt hatten. Durch seine Berührung wäre es den Seelen anschließend möglich, ihr eigenes Schwingungsniveau anzuheben. Die Engel erhofften sich davon eine Kettenreaktion, die bewirkte, dass alle Seelen wieder ihr vollkommenes Bewusstsein erlangten.

Luzifer beschloss, die Aufgabe zu übernehmen, doch nach mehreren Anläufen war ersichtlich, dass er allein nicht fähig war, seine Schwingung zu reduzieren. Er benötigte Unterstützung in diesem Prozess.

In Ermangelung an Erfahrung mit einer solchen Situation erschien die einfachste Lösung das Verschieben der Liebesfähigkeit von Luzifer zu Zadkiel zu sein. Das war nur möglich, da Seraphim Zadkiel und Seraphim Luzifer Zwillingsseelen sind. Sie besitzen also ein Zentrum, in dem der goldene Funke der Göttlichkeit verankert ist.

Jede Seele wird als Zwillingsseele erschaffen, die sich einen Aspekt, ein »Herz«, mit ihrem Zwilling teilt. Beide leben diesen Aspekt der Göttlichkeit exakt zu fünfzig Prozent.

Es erschien den Engeln ungefährlich, die Energie zugunsten Zadkiels zu verlagern, denn alle anderen Aspekte der Göttlichkeit von Seraphim Luzifer und Zadkiel sollten unangetastet bleiben. Die Dringlichkeit der Situation bewegte Seraphim Michael augenblicklich zum Handeln. Er verschob Luzifers Herzzentrum vollständig auf die Seite von dessen Zwilling Zadkiel. Die dramatische Folge: Schlagartig sank Seraphim Luzifer auf die tiefste Ebene des Universums hinab und erhob sich gleichzeitig über alle Wesen im Kosmos.

Das geschah in solch rasantem Tempo, dass weder Michael noch Zadkiel den unglaublichen Verwandlungsprozess Luzifers verfolgen konnte. Niemand verstand, was geschehen war, niemand erfasste die Tragweite der Handlung und seine Auswirkung auf das neu entstandene Universum und somit auch auf die Einheit.

Bevor auch nur ein Wesen die Konsequenz dieser Handlung begreifen konnte, war Luzifer in die tiefen und in die hohen Reiche des Universums abgetaucht und ward nicht mehr gesehen. Er löste sich auf und verdichtete sich gleichzeitig. Er war unantastbar geworden für die Engel, besonders für seinen Zwilling Zadkiel.

Zeitgleich mit Luzifers Wandlung schloss sich die Membran zur Einheit, der feine Energiefilm um das Universum, bis auf einen klitzekleinen Spalt, der bis heute von der Engelsphäre gehütet wird, ruckartig und mit einem lauten Knall. Kein Wesen außer den Seraphim darf sich diesem Spalt nähern, jedoch ist es selbst den Seraphim nicht möglich, ihn zu berühren oder gar durch ihn hindurch in die Einheit zurückzukehren. Ab diesem Zeitpunkt war eine Verschmelzung mit der Einheit nicht mehr auf die Schnelle möglich. Sie wird erst wieder möglich sein, wenn ALLE Seelen ihr Bewusstsein vollkommen entfaltet haben.

Mit dem Urknall änderte sich schlagartig und unwiderruflich die Schwingung des gesamten Universums. Nichts war, wie es sein sollte. Niemals zuvor war eine ähnliche Energie entstanden. Sie hatte eine eigene Schwingungsfrequenz, die wir »Polarität« nennen. Die Polarität breitete sich in allen Dimensionen und Ebenen unseres Universums aus, bis auf die zwölfte Dimension.

In der zwölften Dimension ist keinerlei Polarität spürbar, und auch die Energie von Luzifer ist nur im Bereich seiner Sphäre vorhanden. Alle Seelen, die das vollkommene Bewusstsein entweder nie verloren oder wiedererlangt haben, befinden sich mit ihrem goldenen Kern in dieser Dimension. Aus der zwölften Dimension heraus unterstützen diese Seelen mit ihrem Sein das gesamte Universum.

Die Energie der Polarität entstand durch die Verschiebung des Herzzentrums Luzifers und Zadkiels. Jedes Zwillingspaar ist gleich, bis auf den dualen Ausdruck ihrer Essenz. Das bedeutet, dass sie einen gemeinsamen Kern besitzen und nur die Energie dieses Kerns individuell leben. Sie ergänzen sich in der Vollkommenheit. Bei Zadkiel und Luzifer ist das zurzeit nicht möglich. Sie halten zwei Pole, die verbunden sind. Einzig die Liebe Luzifers, die fortan in Zadkiels Zentrum lebt, ist dessen Verbindung zu seinem Zwilling Luzifer. Und so zeigt sich, dass nicht Seraphim Michael der Gegenspieler von Luzifer ist, wie viele meinen, sondern Zadkiel.

Durch die Verschiebung des Herzzentrums entstanden die voneinander getrennten und doch miteinander verbundenen Dimensionen und Ebenen. Werden alle Wesen bewusst, treffen sie sich in der zwölften Dimension wieder. Nur ein Anteil von Luzifer wird dann noch in der ersten Dimension verweilen, nämlich sein leerer Herzanteil. Ist das der Fall, wird sich das Universum auflösen, und im selben Augenblick erhält Luzifer seinen Herzanteil zurück.

Nach dem Verlust seiner Liebesfähigkeit entwickelte Luzifer sich zu der Gestalt, die er heute ist. Er ist weder schlecht noch bösartig. Das können nur Wesen sein, die absichtlich böswillig handeln. Dazu zählen alle Seelen, die Luzifers Sphäre angehören. Luzifers fehlende Liebesfähigkeit ist für das gesamte Universum eine wesentlich größere Gefahrenquelle, als es ein wirklich böses Wesen jemals sein könnte. Durch Luzifers Zustand bildete sich die Energie der Illusion. Durch die Illusion, die Luzifer schuf, sind wir im Universum der Polarität angekommen. Es gibt nur einen einzigen Ausweg: Er heißt Bewusstwerdung.

Luzifer besitzt eine eigene Seelensphäre, in der sich alle Wesen befinden, die seinem Ruf der Illusion gefolgt sind. Auch in unserer Zeit verfallen Seelen seiner Verführung und müssen den Weg der Bewusstwerdung durch ein tiefes Tal beschreiten.

Aus Luzifers Sphäre kann jede Seele nur selbst hinaustreten. In ihr gibt es keine Unterstützung durch die »Lichtseite«, denn dieser ist es untersagt, in sie einzudringen. Das Gleiche gilt für Luzifer und seine Untergebenen, die die Illusionsenergie nicht in die Seelensphären einfließen lassen oder selbst dorthin inkarnieren können.

Luzifers Sphäre umfasst die erste bis zur zwölften Dimension. Allerdings herrscht er in der zwölften Dimension allein, da er niemanden neben sich duldet, der die gleiche Größe wir er selbst in sich trägt.

Eines ist sehr wichtig! Luzifer will nicht errettet werden, denn er fühlt nicht, was mit ihm geschehen ist. Er erliegt der größten Illusion selbst. Der Illusion, dass er der Retter aller Wesen ist. Er kann nicht erkennen, dass er zwar alle Fähigkeiten besitzt, jedoch ohne jegliche Liebe ist. Darum ist es unvorteilhaft, mit oder für ihn zu arbeiten. Die Trennung von der Einheit kann nur durch die Seelen im Universum aufgehoben werden. Und zwar dann, wenn alle Seelen, die ihren Herzanteil besitzen, und das sind alle anderen im Universum, ihre vollkommene Bewusstheit erreicht haben. Willst du etwas für Luzifer tun, dann arbeite an deinem Bewusstseinsprozess.

Unser Universum
und das Erdenprojekt

Bevor ich tiefer auf die feinstoffliche Welt und die Engel eingehe, ist es wichtig, zu verstehen, welche Position wir als Menschen auf der Erde einnehmen. Wenn wir die Engel, ihre Sphären und ihr Wirken genauer betrachten wollen, ist es unabdingbar, die Gegebenheiten des Erdenprojekts in den Fokus zu rücken, denn sie erklären, wie es dazu gekommen ist, dass wir die Engel nicht mehr so wahrnehmen können wie jedes andere Wesen auf der Erde.

Dieses Buch ist ein Buch über Engel, ihr Wirken und ihre Art, zu sein. Dennoch ist es mir wichtig, ganz konkret auch ihren Bezug zur Erde aufzuzeigen. Die Tatsache, dass Engel in menschlicher Gestalt auf der Erde wandeln, ist für mich eine beachtliche Triebfeder gewesen, dieses Buch zu schreiben. Falls du ein Engel in menschlicher Gestalt bist, wird dir dieses Buch einige Erklärungen liefern, warum du fühlst, wie du fühlst. Falls du einen Engel an deiner Seite hast, wird dich dieses Buch dabei unterstützen, mehr Verständnis aufzubringen. Dies gilt im besonderen Maße für Kinder. Für Pädagogen sind die Informationen eine Hilfe dabei, eine geeignete Therapieform zu wählen.

Unser Universum ist nicht die Einheit, sondern ein Energiefeld, das in der Einheit schwebt. Ein direkter Zugang zur Einheit ist unserem Universum durch eine feine Membran verwehrt. Dennoch fließt göttliche Energie aus der Einheit in unser Universum herein. Hierdurch wird das Universum mit der reinen Energie des göttlichen Willens versorgt.

Als das Universum seinen Anfang nahm, fanden sich die Seelen, die in ihm existierten, in unterschiedlichen Energiefeldern zusammen. Die Seelensphären entstanden. Jede Seele schloss sich einem zu ihren Fähigkeiten und Charaktereigenschaften passenden Energiefeld an. Der »goldene Kern« einer Seele verband sich mit allen Seelen der entsprechenden Seelensphäre. Sie bildeten fortan eine Einheit und betrachteten ihre Sphäre als ihre universale Heimat. In der Seelensphäre begannen die Seelen, zu wachsen und ihr Bewusstsein zu entwickeln. Allerdings gab es von Beginn an Seelen, die ihr göttliches Bewusstsein nie verloren hatten. Die Seelen fanden langsam ihren Weg und strebten nach Erfahrungswelten, in denen sie ihren Aufwachprozess auf verschiedene Arten gestalten konnten. Es gibt im Universum Millionen von Seelensphären, und jede bietet eine andere Energie, die jede Seele zur Bewusstwerdung nutzen kann. Beispiele: Lemurien-Sphäre, Regenbogen-Sphäre, Larimar-Sphäre und die Engelsphäre.

Anmerkung: Luzifer besitzt eine eigene Seelensphäre, die nicht genutzt werden kann. Ausschließlich Seelen, die der Luzifer-Sphäre angehören, können diese betreten.

Nutzen Seelen verschiedene Energiefelder zur Bewusstwerdung, so herrscht in der Seelensphäre immer und einzig die Energie, die die Seelensphäre besitzt. Mit der Zeit entwickelte sich die Idee eines Energiefelds, in dem verschiedene Seelensphären gemeinsam und gleichwertig zusammenarbeiten. Nicht alle Seelen verschmolzen zu abgeschlossenen Seelensphären. Einige fanden einen anderen Weg, den sie für ihre Bewusstwerdung nutzen wollten. Sie schlossen sich in einem lockeren Verbund zusammen und bildeten das Firmament. Alle Seelen, die zu den Sonnen-, Sternen-, Planeten- oder auch Kometenwesen gehören, bilden die offene Seelensphäre »Sun & Star«.

TIPP

> Finde heraus, welcher Seelensphäre du angehörst, beispielsweise, indem du wahrnimmst, welche Energie am besten zu dir passt. Das Wissen darüber erleichtert dir das Verständnis deiner selbst.

Seelen in den Seelensphären entwickelten das Bedürfnis, aus ihrer eigenen Seelensphäre hinauszutreten und Erfahrungen im freien Universum zu machen. Der Weg für Erfahrungen außerhalb der eigenen Seelensphäre wurde daher geebnet und der Weg für kosmische Projekte eröffnet. Mittlerweile gibt es Millionen von Projekten, eins davon ist das Projekt »Erde«.

Hier fanden sich zwölf Seelensphären zusammen, die ein gemeinsames Wirken und eine gemeinsame Entwickelung anstrebten. Gleichzeitig suchte ein Planetenwesen eine neue Herausforderung, und so trafen zwei Anliegen aufeinander. Sie schlossen sich zusammen und kreieren bis heute das wundervolle Projekt, das wir Erde nennen. Die Engelsphäre begleitete das Projekt von Anfang an und brachte sich immer stärker in es ein.

INFO

> Die Engel betreuten zu Anfang das Projekt »Erde«, nahmen jedoch keinen großen Einfluss auf den Prozess. Zudem inkarnierten sie nicht ins Matrixfeld der Erde. Beides hat sich geändert. Vielleicht bist auch du ein inkarnierter Engel?

Gaia – das ist der Name des Planeten, auf dem wir das Projekt bestreiten – beschloss, sich dafür zur Verfügung zu stellen. In »Absprache« mit den Engeln Seraphim Sandalphon (er betreut die Seelensphäre Sun & Star) und Seraphim Uriel (er betreut das Projekt »Erde«) war Gaia bereit, ein Projekt zu beginnen, das sie in unsere Galaxie einbinden würde.

Das Projekt, in das Gaia eingebunden wurde, ist das große Projekt unserer gesamten Galaxie. Es bestand schon einige Zeit und ist weiter fortgeschritten als das unseres Sonnensystems. Im Vergleich zu anderen Galaxien ist unsere Galaxie recht jung, und Seraphim Sandalphon sowie Seraphim Uriel sahen darin einen optimalen Platz für Gaia.

Im kosmischen Rat wurden konkrete Vorbereitungen getroffen. Dazu zählte die Auswahl beteiligter Seelensphären.

TIPP

> Es gibt für alles einen kosmischen Rat. Für dich als Mensch ist der kosmische Rat der Erde der wichtigste. Willst du mehr über deine Aufgabe wissen oder deinen Auftrag oder deine Aufgabe verändern? Dann ist der kosmische Rat die richtige Adresse.

Da die Seelensphäre Lemurien die Initialzündung für das Projekt »Erde« gegeben hatte, durfte sie aktiv am Auswahlprozess der anderen Sphären mitwirken. Letztlich waren alle Mitwirkenden gefunden: Lemurien-Sphäre, Regenbogen-Sphäre, Elfen- & Feen-Sphäre, Wal- & Delfin-Sphäre, Sirius-Sphäre, Orion-Sphäre, Plejaden-Sphäre, Larimar-Sphäre, Sun & Star, Zamarah-Sphäre, Ansara-Sphäre und die Engelsphäre. Der kosmische Rat der Erde besteht aus diesen zwölf Seelensphären.

Die Seraphim-Engel wurden mit der Aufgabe der Geburtsengel betraut. Als diese wurden sie zu kosmischen Begleitern für alle Seelen, die auf die Erde inkarnieren wollten.

Vor ca. 4,55 Milliarden Jahren begann das Projekt »Erde« mit konkreten Handlungen. Zu Beginn waren die Seelensphären Zamarah, Lemurien und Wal- & Delfin-Sphäre direkt an dem Projekt beteiligt. Sie erzeugten zusammen mit der Engelsphäre das Matrixfeld um Gaia, in dem das Projekt stattfinden sollte. Die anderen Seelensphären bereiteten in einem kosmischen Energiefeld, das exakt am Rand des irdischen Matrixfeldes aufgebaut wurde, weitere Aktionen vor. Eine Phase folgte auf die nächste, bis die Voraussetzungen zum Start vollumfänglich erfüllt waren. Die Seelensphären ermöglichten unterschiedlichen Wesen einen Aufenthalt auf der Erde. Dabei mussten die verschiedenen Bedürfnisse der Seelen berücksichtigt werden. Besonders der materielle Aspekt stellte eine Herausforderung dar, denn jede Form benötigte andere Gegebenheiten, und so wird bis zum heutigen Tag experimentiert.

Da Gaia aus nichts weiter als aus bewusstem Sein besteht (was prinzipiell alles beinhaltet), ist es notwendig, dass viele unterschiedliche Bewusstseinsformen auf die Erde inkarnieren, um überhaupt Materie gestalten zu können. Dies hat jedoch rein gar nichts mit der »Form« zu tun, die Wesenheiten für sich selbst erwählen.

Irdische Materie entsteht im gleichen Moment, in dem die jeweilige Wesenheit das Matrixfeld der Erde berührt. Inkarnieren wir in das Energiefeld von Gaia, durchlaufen wir automatisch das Feld des Vergessens. Alle Erinnerungen werden auf einen Schlag vor dem bewussten Sein dieser Seele verborgen. Die Energie der dritten Dimension ist für alle Seelen eine große Herausforderung und setzt voraus, dass sie den Willen zur Bewusstseinsentfaltung in sich tragen.

Das Erdenprojekt ist mittlerweile auf dem Weg in die fünfte Dimension, und alle Seelen, die sich im irdischen Feld aufhalten, sind dazu aufgerufen, ihren Beitrag zum Aufstieg zu leisten.

TIPP

Luzifer ist ins irdische Projekt mit eingebunden. Durch ihn werden im Irdischen unter anderem die Voraussetzungen dafür erschaffen, zu erkennen, was unsere Seele will. Erliegt sie der Illusion der dritten Dimension/Materie, oder kann sie in der tiefen Schwingung erkennen, dass es um eigenverantwortliche Bewusstseinsentfaltung geht?

Avatare und Seraphim-Engel erschufen das Erdmatrixfeld um Gaia, was jedoch nur die Hälfte des Matrixfeldes darstellt. Die andere Hälfte wird von Seraphim Luzifer und seinen Großmeistern – unseren Gegenspielern – gehalten. Dieses Spielfeld ist uns als Polarität bekannt. Das Liebes-/Lichtenergiefeld von Seraphim Michael ist die äußere Ummantelung dieses Energiefeldes, während Seraphim Luzifers Ummantelung die innere Hülle darstellt. Energiestränge beider Felder kreuzen und durchströmen sich gegenseitig. In diesem Energiefeld gestaltest du deine Bewusstwerdung. Begleitet wird jede Seele von ihrem Geburtsengel, der die Seele auf die Erde und wieder in ihre Seelensphäre zurückbringt. Zudem stehen mehrere Seraphim-Engel und Avatare Gaia bei ihrem Aufstiegsprozess beschützend, begleitend und lehrend zur Seite.

Der Einfluss der Engel auf die Erde nahm in hohem Maße zu. Bis sie sich allerdings dazu entschlossen, ins irdische Matrixfeld einzutauchen, verging einige Zeit. Die Entscheidung, dass Engel ebenfalls auf die Erde inkarnieren, wurde letztlich vom kosmischen Rat gefällt. Als inkarnierte Seelen können Engel direkten Einfluss auf die Energie im irdischen Matrixfeld nehmen.

Manche Engel erhielten bedeutende Aufträge, die sie auf der Erde erfüllen sollten. Diese Engelinkarnationen erhöhten durch das Erfüllen ihres Auftrages das Bewusstsein aller Seelen auf der Erde. Ein Beispiel ist Seraphim Raphael, der als Rudolf Steiner inkarnierte.

Den Engeln wurde zudem erlaubt, ihr eigenes Bewusstsein durch die irdische Erfahrung zu erhöhen. Ein Beispiel hierfür ist Metatron, der durch die irdische Inkarnation in der Engelhierarchie bis in die Seraphimebene aufgestiegen ist.

Die Erde wurde für Engel jeder Hierarchiestufe ein wichtiger Ort, an dem sie viele unterschiedliche Aufgaben erfüllen konnten, um dem Universum mit der Erfüllung ihrer Aufträge zu dienen oder um ihre eigene Bewusstheit zu fördern.

INFO

Engel sind, wie alle anderen Seelen in unserem Universum, bestrebt, Erleuchtung zu erlangen. Wir sind eins mit allen Seelen.

Ein paar Antworten
auf die wichtigsten Fragen zu Engeln

Wie so vieles auf der Erde wird auch die Existenz der Engel heftig diskutiert. Obwohl es keine handfesten Beweise für ihre Existenz gibt, genauso wenig wie für Gott, werden sie dennoch von der Allgemeinheit als Vermittler zwischen Gott und den Menschen akzeptiert. Besonders Schutzengel sind eine beliebte Begründung in der Beweisführung, wenn wir in einer brenzligen Situation wieder einmal Glück gehabt haben. Wenn eine Situation nicht optimal gelaufen ist, hat dein Schutzengel nicht gut auf dich achtgegeben oder er war im entscheidenden Moment gerade abwesend. Dabei sind Engel weit mehr als Vermittler zwischen Mensch und Gott. Sie sind wundervolle Seelen, die im Universum hervorragende Arbeit zum Wohle aller Seelen leisten. In diesem Kapitel möchte ich mit den gängigsten Vorurteilen zu den Engeln aufräumen.

WER ODER WAS SIND ENGEL?

Die Schöpfungen der Quelle sind unendlich vielfältig, und eine besondere Art, die Göttlichkeit auszudrücken, sind die Engel. Engel, gleich auf welcher Bewusstseinsstufe, sind immer absolut reine göttliche Liebesessenz. Nichts Negatives ist in ihrem Sein. Alle Engel erhalten bei ihrer Entstehung einen eigenen Charakter oder eine eigene Ausdrucksstärke. Jede EINZELNE Engelenergie fühlt sich absolut einzigartig an. Das ist nebenbei für alle Wesenheiten aus der Schöpferquelle gültig. Engel agieren im feinstofflichen Bereich und sind somit für 90 Prozent der Menschheit nicht sichtbar. Bei den meisten Menschen nehmen sie vielleicht deshalb im Alltag wenig bis gar keinen Raum ein.

Engeln werden magische und mysteriöse Kräfte angedichtet, die sie nicht besitzen. Sie tragen Fähigkeiten in sich, die sie natürlich nutzen, jedoch hängen diese mit ihrer Schwingung, also mit ihrem Bewusstsein zusammen und haben nichts mit Fähigkeiten zu tun, die nur Engel in sich tragen. Zudem können Engel nicht alles im Universum vorhersehen. Das gilt für die Erde ebenso wie für den Rest des Universums. Könnten sie es, dann wären sie Wahrsager, aber das sind sie nicht.

TIPP

> Jeder Engel erfüllt seine Handlung mit seiner charakteristischen Energie. Daher können wir mit etwas Erfahrung erkennen, welcher Engel bei uns weilt.

WOHER STAMMEN ENGEL?

Wir alle stammen aus derselben Energiequelle. Diese ist unendlich kreativ und zudem unermesslich reich an unterschiedlichen Schwingungsfrequenzen. Wie ein menschlicher Körper besitzt sie verschiedene Energiefelder, und jedes Energiefeld besitzt Fähigkeiten, die in sich einmalig sind. Engel stammen dabei aus einem anderen Energiefeld der Schöpferquelle als beispielsweise Lichtwesen oder andere Wesenheiten, und doch besitzen alle göttlichen Energiefelder eine berauschende und beeindruckende Kraft und sind vollkommen gleichgestellt.

In unserem Universum gehören alle Engel der Engelsphäre an, jedoch sind sie nur zu 50 Prozent im Universum präsent. Die restlichen Seelenanteile der Engel sind in der Einheit zurückgeblieben. Selten kommt es vor, dass Seelenanteile eines Engels ausgetauscht werden, das bedeutet, dass ein Anteil aus der Einheit in die Engelsphäre gelangt und ein anderer aus der Engelsphäre zurück in die Einheit gleitet. Das kann nur geschehen, wenn der Engel die Engelsphäre niemals verlassen und zudem sein Bewusstsein nicht verloren hat.

WIE SEHEN ENGEL AUS?

Die Menschheit, und hier ganz besonders die spirituelle Szene, erliegt häufig der Illusion, dass sie wüsste, wie Engel aussehen. Lasse dich von solchen Annahmen nicht beeindrucken. Jeder hat seine Wahrnehmung, und die darf sich von anderen unterscheiden. Der eine sieht Engel als Energiekugel, der andere als Farbe und wieder ein anderer als menschliche Gestalt. Alles ist absolut richtig und wahr, denn die Engel zeigen sich in der Form, die du am besten annehmen kannst. Ihre Form ist zudem oftmals von ihrem Wesen und ihrer Aufgabe abhängig. Also beispielsweise davon, ob sie als Schutzengel unterwegs sind oder als geistige Begleiter.

WER ODER WAS IST GOTT?

Gott, wie der Mensch ihn versteht, ist nicht im Universum enthalten, sondern in der Einheit, in der wir gerade nicht sind. Unser Universum ist durch eine feine und dennoch für uns undurchdringliche Membran von der Einheit »getrennt«. Unser Universum und die darin enthaltene Energie hat mit Gott als oberster Schwingungsform nichts zu tun. Gott, als handelndes Bewusstsein in der Einheit, kann die Disharmonie des Universums nicht wahrnehmen. Im Zentrum der Einheit, unserer Schöpferquelle, existiert reine Liebe. Und diese reine Liebe ist nicht fähig, auch nur die kleinste disharmonische Schwingung zu empfangen. Der Grund ist, dass in der Einheit alles eins ist. Würde in der Einheit Disharmonie empfangen, wäre die Einheit nicht mehr die Einheit. Da das Zentrum nur Liebe aussendet, kann in der Einheit folglich nur Liebe weitergeleitet werden.

Im unendlichen Meer der Einheit sind wir in unserem Universum nur eine winzig kleine Luftblase, die fröhlich und losgelöst dahinschwebt und darauf wartet, wieder eins zu werden. Die Einheit besteht ewig, und wer glaubt, dass unser Universum alles ist, was Gott zustande gebracht hat, der sollte sich einmal mit Jophiel unterhalten.

WIE STEHEN ENGEL ZUR GÖTTLICHEN EINHEIT?

Die Engel leben im Kosmos – und besonders in der Engelsphäre – das absolute Miteinander. Für sie ist die Einheit wesentlich präsenter als für andere Wesenheiten im Universum. Zwar sind die Engel ebenso wie alle anderen Seelen in unserem Universum der Einheit entrückt, andererseits besitzen Engel einen stärkeren und intensiveren Zugang zur Einheit, was sich in einem tieferen Seelenbewusstsein und im Einheitsgedanken ausdrückt.

Wir alle, auch die Engel, sind bestrebt, wieder in die Einheit aufgenommen und somit eins mit allen und allem zu werden – eins zu werden mit Gott und seiner gesamten Schöpfung innerhalb der Einheit.

WARUM HABEN ENGEL EIGENTLICH FLÜGEL?

Es gibt 3 x 3 Hierarchieebenen innerhalb der Engelsphäre. Je nach Zugehörigkeit werden die Engel mit zwei, vier oder sechs Flügeln dargestellt. Die höchste Hierarchie besitzt sechs Flügel, die zweite vier und die dritte zwei Flügel. Die Engel sind nicht mit allen Anteilen ihrer Seele in unserem Universum. Das macht sie einzigartig. Diese Einzigartigkeit drückt sich in der Energie der Flügel aus und unterscheidet sie von allen anderen Lichtwesen in den unterschiedlichen Seelensphären.

WAS UNTERSCHEIDET ENGEL VON ANDEREN LICHTWESEN?

Die Wesensart der Engel unterscheidet sich nicht wesentlich von der der Lichtwesen. Gleichwohl sind Engel in jeder Hinsicht anders als Lichtwesen, wobei es natürlich einige offensichtliche Parallelen zwischen ihnen gibt. Beispielsweise wählten Engel und Lichtwesen die gleiche Form, mit einem geringfügigen Unterschied: den Flügeln. Mittlerweile existieren auch Bilder von Engeln, auf denen die Flügel fehlen, doch das zeigt nur, dass die Menschen anfangen, die Engel als ihresgleichen anzunehmen. Es gibt Engel mit allen Charakterzügen, die auch Lichtwesen zu eigen sind und die prinzipiell die gesamte göttliche Schöpfung in sich trägt. Selbstredend enthalten die Charaktereigenschaften die Energie des jeweiligen Engels und offenbaren sich daher auf eine andere Weise. Manchmal handeln Seraphim in einer Art, die wir auf der Erde nicht nachvollziehen können und die uns aus dem Konzept bringen kann. Die Folge kann sein, dass wir anfangen, zu zweifeln, oder sogar die höhere Ebene und ihre Engel verleugnen. Die sphärischen Engel werden ganz sicher ihren Weg mit uns zusammen beschreiten. Sie sind außergewöhnlich geduldig – nicht alle, jedoch die meisten. Sie werden ihre Aufgaben jederzeit mit Hingabe und mit Freude erfüllen.

Der größte Unterschied zwischen Engelwesen und Lichtwesen besteht darin, dass Engeln im Universum nicht alle ihre Seelenanteile zur Verfügung stehen. Das bedeutet: Ein Teil ihrer Seele verweilt weiterhin in der Einheit. Das hat weitreichende Konsequenzen für ihr Dasein im Universum. Beispielsweise geben sie sich allem hin, und ihre Handlungen entspringen ihrem zentralen göttlichen Kern, dem kein Ich, sondern nur das Wir bekannt ist.

Zudem besitzen Engel keinen freien Willen und sind in dieser Hinsicht nicht fähig, im sphärischen Universum selbstständig Entscheidungen zu treffen. In der Einheit, also in Gott, besitzt keine Seele einen freien Willen, da alles eins ist.

Ein weiterer Unterschied zwischen Engeln und Lichtwesen besteht in der Art ihrer Schöpfung. Wie du bereits weißt, ist Gott alles und existiert in jeder noch so kleinen Wesenheit. Genau wie dein Körper unterschiedliche Seinsbereiche wie Kopf, Bauch, Beine, Leber, Herz, Gehirn und so weiter hat, so hat auch Gott unterschiedliche Energiefrequenzen. Wir können nun vereinfacht sagen, dass Lichtwesen aus dem Geist (denkende Energie) und die Engel aus dem Herz (wahrnehmende Energie) der göttlichen Energie entstanden sind. Das bedeutet jedoch nicht, dass Engel nicht denken und Lichtwesen nicht fühlen können! Jedes Wesen oder jede Seele trägt immer alle Aspekte der Göttlichkeit in sich, jedoch kommt es auf die Gewichtung an.

HABEN ENGEL INDIVIDUELLE PERSÖNLICHKEITEN?

Engel sind durchweg erhabene Wesen, und ihre Liebesfähigkeit ist phänomenal. Jeder Engel hat seinen individuellen Charakter, was eindrucksvoll zu beobachten ist. Gott ist grenzenlos in seiner Ausdrucksform. Alle Wesen in unserem Universum sind ein winzig kleiner Teil dieser unermesslich fantastischen und paradiesischen Kreativität der Einheit. Wäre Gott nicht so unvergleichlich schöpferisch, wären alle gleich – doch das ist Gott eindeutig zu langweilig.

Die Engel in der Seelensphäre, und ebenso im freien Universum, handeln im absoluten Einklang mit dem göttlichen Willen. Sie müssen und können nicht »denken« im Sinne von abwägen, entscheiden usw. Dennoch besitzen Engel verschiedene wundervolle Charaktere. Es gibt Kriegerengel und auch Engel, die sanft und lieblich sind. Die Bandbreite der Engel ist gigantisch, und oftmals sind es nur minimale Unterschiede, die dennoch eine riesige Unterscheidungsmöglichkeit zwischen den Engeln ausmachen. Ihre unterschiedlichen Charaktere spiegeln sich auch in ihren vielfältigen Aufgaben.

HABEN ENGEL EINEN FREIEN WILLEN?

Bedauerlicherweise unterliegen Engel nicht dem freien Willen wie wir Menschen, mehr noch wird er für sie allzeit außerhalb des Erreichbaren liegen. Der Grund liegt in ihren Seelenanteilen, die nicht, wie bei allen anderen Wesen zu 100 Prozent im Universum vorhanden sind. Engel können sich weder über den Willen des Göttlichen noch über den universellen oder menschlichen Willen hinwegsetzen. Dies hat nichts mit Schwäche oder Gutmütigkeit zu tun – denn sie sind weder das eine noch das andere –, sondern mit den Gesetzen der Einheit sowie mit den Gesetzen des Universums, die die Engel gleichermaßen beachten müssen.

VERLASSEN DIE ENGEL IHRE ENGELSPHÄRE AUCH EINMAL?

Möchte ein Engel der untersten Hierarchie im Universum dienen, muss er dafür die Engelsphäre verlassen. Sein Anliegen wird dafür zunächst im kosmischen Rat der Seraphim geprüft. Kommen die Seraphim, die die Verantwortung für den Engel tragen, zu einem für den Engel positiven Ergebnis, wird dieser auf besondere Weise vorbereitet. Für Engel, die keine Negativität kennen und niemals mit dieser konfrontiert wurden, ist das erstmalige Verlassen der Engelsphäre ein intensiver Lernschritt.

Sind die Neugierde und der Mut eines Engels erwacht und kann er es demzufolge nicht mehr abwarten, die ihm zugewiesenen Aufgaben im Universum zu erfüllen, werden seine Seelenanteile, die ins Universum einfließen, mit einem Seraphim-Farbstrahl umhüllt und auf das Abenteuer vorbereitet.

Das Verlassen der Engelsphäre hinterlässt bei Engeln einen faden Nachgeschmack – häufig in Form unendlicher Sehnsucht. Diese tief greifende Sehnsucht tragen die Engel so lange in sich, bis sie wieder vollständig in die Engelsphäre zurückgekehrt sind.

Im Universum stehen dem Engel mehrere Engelbegleiter zur Verfügung. Die Engel, die den abenteuerlustigen Engel betreuen, stehen in der Bewusstseinshierarchie auf verschiedenen Stufen. Sphärische Engel sind im Gegensatz zu Lichtwesen wesentlich konsequenter – und auch rigoroser –, was die Förderung der Bewusstwerdung ihresgleichen anbelangt.

INKARNIEREN ENGEL AUF DIE ERDE?

Ich werde sehr oft gefragt, ob Engel auf die Erde inkarnieren. Ja, sie dürfen, wie alle anderen Seelen im Universum, als Mensch auf die Erde kommen und Lernschritte machen. Seit Mitte des atlantischen Zeitalters sind Engel in festerer Materie auf der Erde spürbar. Seit der Beendigung der atlantischen Epoche inkarnieren Engel sogar als Menschen auf die Erde. Ihr Geburtsengel begleitet sie auf die Erde und steht ihnen während der gesamten Inkarnationszeit mit seinen Fähigkeiten zur Verfügung.

Für die Engel ist es besonders prekär, Lernschritte außerhalb der Engelsphäre zu machen, da sie auf dem Weg zurück in die Engelsphäre alles Negative, das sie erlebten, vergessen. Sie tappen bei erneutem Eintauchen ins Universum immer mehr als andere Wesenheiten in dieselben Fallen hinein. Aus diesem Grund verbleiben viele Engel im Universum. Kehren die Engel dann in die Engelsphäre zurück, behalten sie einen winzig kleinen Teil der Erinnerung an die Erdenzeit. Da sie intensiv mit der Einheit verbunden sind, sind das nur die absoluten Glückseligkeitserinnerungen. Alles andere wird radikal und vollständig gelöscht. In der zwölften Dimension und der zwölften Ebene wurde direkt am Tor zur Engelsphäre eigens zu diesem Zweck eine unbeschreiblich erhabene Energiesphäre für die Engel erschaffen. In diesem Energiefeld können sich Engel lückenlos reinigen und Anhaftungen allumfassend harmonisieren. Ein unendlicher Energiestrom aus der Einheit, der gleichfalls in die Engelsphäre wie ins Universum strömt, dient der Aufladung mit göttlicher Liebesenergie, wodurch die Engel alles vergessen, was sie außerhalb ihrer Engelsphäre erlebt haben. Die Erinnerung an glückselige Momente behalten Engel in sich und tragen diese Gefühle allzeit in ihrem »Herzen«.

Inkarnieren Engel auf die Erde, gelten zumeist dieselben Spielregeln wie bei Lichtwesen: Sie müssen einen Großteil ihres Bewusstseins zurücklassen, und dementsprechend kann ihnen auf der Erde schon mal ein wenig der Spaß abhandenkommen. So, wie es eben allen ab und an ergeht, die auf die Erde inkarnieren, gleich, ob als Mensch, Tier, Pflanze oder Windwesen. Irdische Gesetze gelten für alle, einschließlich die Engel.

Engel wirken in unserem Universum in allen Bereichen und in allen Dimensionen. Doch es gibt Engel, die noch nie aus der Engelsphäre in unseren Kosmos eingetaucht sind. Sie verharren seit der Entstehung des Universums in der Engelsphäre, in der sie ihren göttlichen Auftrag erfüllen. Im Übrigen ist dies bei Lichtwesen nicht anders. Es gibt Wesen, die noch nie ihre universelle Heimatsphäre verlassen haben. Dies ist demzufolge keine Besonderheit der Engel.

Mehr dazu, wie Engel auf die Erde inkarnieren, erfährst du im Kapitel »Engel auf der Erde« (ab S. 102).

WIE ARBEITEN ENGEL?

Engel werden in allen Bereichen eingesetzt und sind immer und überall im Universum anzutreffen. Wichtig zu bedenken ist hierbei, dass Engel »arbeiten«. Und überall, wo gearbeitet wird, können sich Dinge in eine Richtung entwickeln, die nicht vorgesehen war. Auch die besten Absichten und der intensivste Einsatz garantieren keinen Erfolg. Wäre das der Fall, wären wir längst nicht mehr hier in diesem Universum, sondern bereits zurück in der Einheit. Das bedeutet: Auch Engeln tragen keine vollkommene Allmacht in sich. Das ist elementar, denn die Enttäuschung vieler Menschen in Bezug auf die Engel ist immens. Doch können und werden Engel niemals den Willen eines Wesens untergraben oder sogar ein Wesen manipulieren, um ihre Aufgabe zu erfüllen. Zudem ist nicht jeder Wunsch oder jedes Bedürfnis, den oder das ein Wesen, ganz gleich, wo im Universum, hegt, für seine Entfaltung dienlich. Dennoch hat jede Seele mit freiem Willen das Recht, diesen Wunsch zu äußern.

In unserem Universum gibt es einige Gesetze, die in der Einheit keine Gültigkeit besitzen, da sie schlicht nicht vonnöten sind. Alle Engel, gleich, in welcher Dimension sie unterwegs sind, achten penibel darauf, dass die Gesetze im Universum eingehalten werden.

Manche Engel treten aus der Engelsphäre heraus und tauchen mit ihren Seelenanteilen in unser Universum ein. Selbst den Engeln der untersten Hierarchiestufe ist es gestattet, im Universum zu arbeiten. Voraussetzung hierfür ist, dass ein Seraphim seinen Strahl zur Verfügung stellt und den Engel in die entsprechende Ebene befördert. Gleich, welche Aufgabe oder welchen Auftrag ein Engel hat, die Einhaltung der kosmischen Gesetze ist für alle Engelhierarchien bindend. Im kosmischen Rat der Engel werden die Aufgaben der Engel und besonders die Energie zugewiesen, mit der die Engel die Wesen auf der Erde unterstützen dürfen.

TIPP

Engel sind nicht da, um den Menschen zu dienen, sie sind da, um die Menschen zu lehren.

SIND ENGEL HEILIGER ALS MENSCHEN?

Auch wenn Engel oft als heilig und vollkommen betrachtet werden, sind sie kein bisschen heiliger oder vollkommener als alle anderen Wesen in unserem Universum. Selbst Seraphim Michael inkarniert deshalb in menschlicher Gestalt. Warum auch nicht, kann er mit seiner Energie in dieser Form doch wundervolle Arbeit leisten. Engel sind Kinder der göttlichen Schöpfung, und kein Seraphim würde sich absichtlich und aus eigenem Antrieb über ein anderes Wesen stellen.

Niemals! Dazu wären die Engel gar nicht fähig. Denn sie sind es, die die göttliche Liebe in unser Universum leiten. Das erhebt sie nicht über andere Wesen, sondern lässt sie zu Dienern der Göttlichkeit und somit für das Universum werden. Jeder Seele stehen alle Türen offen. Ausgeschlossen hiervon sind einzig die Seelen, die zu Luzifers Reich gehören.

WELCHE AUFGABEN HABEN DIE ENGEL?

Die Hauptaufgabe der Engel ist das, was sie am besten können: lieben. Sie repräsentieren die göttliche Liebe und spiegeln sie in reinerer Form als alle anderen Wesen. Nicht, weil sie mehr Liebe sind, sondern, da die Hälfte ihrer Anteile in der Einheit verweilt.

Ein kleiner Teil der Engelwesen, von Engeln bis Seraphim, hat sich entschlossen, am Erdenprojekt mitzuarbeiten, damit ihre vollkommene Bewusstwerdung vorangetrieben werden kann. Ihnen stehen für diese Aufgabe mehrere Optionen zur Verfügung: Sie können entweder als Mensch inkarnieren, als Schutzengel fungieren oder ihre Aufgabe als sphärische Begleiter erfüllen. Entscheidet sich ein Engel, auf der Erde zu dienen, so wählt er die Seele aus, bei der er am meisten lernen kann. Natürlich gibt es bei den Engeln ebenfalls »Spezialisten«. Engel der untersten Engelhierarchie sind häufig als Schutzengel unterwegs oder inkarnieren in menschlicher Gestalt. Zudem bemühen sich diese Engel intensiv um die Natur. Auch sind die Engel in den unteren Dimensionen für die Planetenwesen da und betreuen diese hingebungsvoll.

Arbeiten Engel sphärisch mit uns, so geschieht dies mit viel Hingabe. Meistens betrachten sie unser niedrigeres Bewusstsein mit Humor. Schließlich behalten sie ihr volles Bewusstsein, das sie bereits erreicht haben, und müssen sich nicht mit den irdischen Gegebenheiten auseinandersetzen. Es sei denn, ihr menschlicher Schützling vermiest ihnen ihr sphärisches Dasein, indem er sich weigert, auf sie zu hören, und ihnen überdies die Schuld an seinem irdischen Unglück zuschiebt.

Die Seraphim-Engel begleiten alle Wesen in allen Bewusstseinsstufen! Des Öfteren inkarnieren Engel, die eine Seele als Schutzengel oder als sphärischer Begleiter unterstützen, zusätzlich als Mensch auf die Erde. Auf diese Weise lernen sie beide Seiten dieses Spielfeldes kennen und können durch dieses Abenteuer letztlich in der vollkommenen Meisterschaft erblühen.

DURCHLAUFEN ENGEL AUCH EINEN BEWUSSTSEINSPROZESS WIE WIR MENSCHEN?

Engel durchlaufen, wie jede Seele im Universum, einen Bewusstseinsprozess. Alles im Universum ist gleich. Alles ist ebenbürtig, und alles ist göttlich! Sowohl die Seraphim als auch alle anderen Engel wissen sehr gut, dass sie in allen Situationen lernen dürfen, unabhängig von ihrer eigenen Bewusstseinsebene. Wir alle lernen mit- und voneinander. Ihre Bewusstwerdung hat ausschließlich mit ihrem Erwachen in sich selbst, in ihrer Göttlichkeit und ihren göttlichen Aufgaben zu tun. Die Energie der Engel ist jedoch nicht besser oder schlechter als die der Lichtwesen oder sonstiger Wesenheiten. In Gott oder der Quelle – oder wie du das auch nennen magst – ist alles gleichwertig. Würde Gott Unterschiede spüren und leben, so wäre er den Gesetzen der Polarität unterlegen, und dies trifft auf die Urenergie nicht zu. Gott ist »neutral«.

Für Engel bedeutet es, sich dieser göttlichen Aufgaben bewusst zu werden und alle Handlungen genau und präzise auszuführen, um die Schwingung auf gleichbleibendem Niveau zu halten, große Lernschritte. Sobald ein Engel dieses Bewusstsein erreicht hat, werden ihm Aufgaben zugeteilt, an denen er wachsen kann. Ist dies der Fall, so wird ein Engelwesen diese Aufgabe ausführen, bis es vollkommen in seiner eigenen Göttlichkeit erwacht. Ein Beispiel für einen solchen Prozess ist Seraphim Metatron. Er war der erste Engel, der durch die Lernaufgabe im Universum und im Speziellen durch die Inkarnation auf die Erde in die Hierarchie der Seraphim aufgestiegen ist. Durch eine derart große Aufgabe können die Engel ihr Bewusstsein unmittelbarer erheben und somit schneller auf die nächsthöhere Stufe gehoben werden, bis hin zur Seraphimebene.

Je tiefer die Ebene schwingt, auf der der Engel seine Aufgaben zu meistern gewillt ist, desto intensiver muss er seine Energie herabsenken. Der Bewusstseinsverlust, der damit einhergeht, bewirkt eine diffuse Sehnsucht nach Gott, die der Engel jedoch nicht benennen kann. Häufig besitzt er weder die Klarheit, zu sagen, er sehne sich nach Gott, noch ist er fähig, sein Bewusstsein auf Gott auszurichten. Während einer Inkarnation kann es geschehen, dass der Engel vergisst, dass es Gott überhaupt gibt. Dies ist für einen Engel überaus dramatisch und kann weitreichende Folgen nach sich ziehen, zum Beispiel, dass die Inkarnation abgebrochen wird. Erfüllt der Engel eine Aufgabe in tieferen Dimensionen ohne Inkarnation, verliert er zwar auch seine hohe Schwingung, kann sich jedoch wesentlich umfassender an seine wahre Herkunft erinnern. Es bewahrt den Engel aber nicht zwingend davor, Krisen zu durchleben, weil er sich von Gott und seiner Heimatsphäre abgetrennt fühlt.

Gott sei Dank, haben die Engel mittlerweile gelernt, wie sie ihre hohe Schwingung in einer tieferen Ebene erhalten können. So ist es zumindest für Engel aus der letzten Gruppe, also Throne, Cherubim und Seraphim, möglich, mit ihrer berauschenden und dynamischen Liebesenergie die unteren Dimensionen des Universums zu beglücken.

STIMMT ES, DASS ENGEL »GEBOREN« WERDEN?

Diese Frage kann wohl ebenso mit Ja wie mit Nein beantwortet werden.

Die verschiedenen Bewusstseinsstufen eines Engels oder prinzipiell einer Seele im Universum sind nicht, wie viele Menschen meinen, darauf zurückzuführen, dass das jeweilige Wesen, in unserem Fall der Engel, NEU erschaffen wurde. Dies ist UNMÖGLICH, denn unser Universum ist ein abgeschlossenes System, und kein Wesen in unserem Universum kann eine Seele neu erschaffen. Dies geschieht ausnahmslos in der göttlichen Einheit. Zudem können in der Einheit neu erschaffene Engel nicht in unser Universum eintauchen. Niemals. Für sie gibt es andere Universen. Es gibt demnach keine »neuen« Engel in unserem Universum. Das bedeutet gleichzeitig, dass wir alle im Universum gleich alt oder jung sind.

Alle Engel, die in diesem Universum arbeiten, waren von Anfang an anwesend und haben unser Universum kräftig mitgestaltet. Daher meint das, was wir »neu« nennen, schlicht, dass sich diese Seele ihrer selbst noch nicht so bewusst ist.

SIND ENGEL ALLMÄCHTIG UND UNFEHLBAR?

Engel lernen wie alle Wesen per »learning by doing«. Das heißt konkret, dass auch Engel falsche Entscheidungen treffen und vermeintlich Fehler begehen. Eine Handlung mag mit gutem Vorsatz ausgeführt werden, jedoch ist das keine Garantie für ein perfektes Ergebnis. Ein Seraphim kann entsprechend dem freien Willen der inkarnierten Seelen nicht immer voraussehen, wie sich eine Seele auf der Erde entscheidet. In diesem Sinne kann sich ein Projekt im Zweifelsfall auch als Misserfolg herausstellen.

Ja, Engel sind anders. Das ist natürlich, denn schließlich sind Einhörner oder Drachen ebenfalls anders als Licht- oder Engelwesen. Daran ist nichts Überheiliges. Wir alle sind ebenso heilig wie Engel. Vollendete Engelseelen sind vollkommen, jedoch keineswegs überheblich oder bevormundend, sondern durchaus witzig und ab und an zu Späßen aufgelegt. Auch wenn sie unter Spaß nicht unbedingt das Gleiche verstehen wie wir.

UNTERSTÜTZEN ENGEL NUR BESONDERE MENSCHEN?

Die Darstellung der Engel auf der Erde zielt häufig darauf ab, dass wir uns zu klein oder unwürdig fühlen, mit ihnen zu arbeiten oder sie um Unterstützung zu bitten. Oder aber, im Gegenteil, sie bezüglich jeglichem Humbug anrufen. So wird dir beispielsweise kein Engel jemals bei der Parkplatzsuche behilflich sein.

Gerade in Bezug auf den Umgang mit den Seraphim auf der Erde gilt es, einige Dinge klarzustellen. Die allgemeine Auffassung, dass Seraphim nur mit höhergestellten oder außerordentlich wichtigen Persönlichkeiten Kontakt pflegen und alle anderen Menschen links liegen lassen, ist schlicht falsch. Die Seraphim sind nicht heiliger als du, sie haben einfach andere Aufgaben zu erledigen. Ein Engel bewertet nicht, kennt keinen Status und keine Berufe, er sieht nur deine Essenz und Schwingung. Daher kommt ein Engel jeder Bewusstseinsebene zu dir, wenn du ihn brauchst.

Jeder sphärische Engel liebt dich und lässt dir diese Liebe auf der Erde, oder wo immer du gerade bist, zukommen. Du musst dir keine Gedanken darüber machen, ob der Engel ein höheres Bewusstsein besitzt oder nicht, seine Liebesfähigkeit ist immerfort zu 100 Prozent vorhanden. Für einen Engel hat es keine Relevanz, auf welcher Bewusstseinsstufe du dich befindest. Falls er ein wesentlich höheres Bewusstsein als du besitzt, wird er sich voller Hingabe immer auf die Bewusstseinsstufe begeben, auf der du dich gerade befindest. Der Engel wird seine Weisheit nutzen und entsprechende Worte oder die jeweilige Art und Weise wählen, die du als Mensch verstehst. Es ist die Aufgabe einer JEDEN Seele, alle Seelen bestmöglich zu unterstützen. Dies gilt auch für dich.

BEGLEITEN UNS ENGEL ÜBERALLHIN?

Ja, das tun sie, auch aufs WC, in die Disco, zur Bank oder zur Arbeit. Egal, wo du bist, dein Engel ist ganz nah an deiner Seite. Der Engel wird, sooft er kann, mit dir in Kontakt treten. Das kann auf ganz irdische Weise geschehen.

WIE KOMMUNIZIEREN ENGEL?

Engel aller Hierarchiestufen – an erster Stelle kann hier Seraphim Jophiel genannt werden – lieben es, zu kommunizieren. Engel sind sehr kreativ und finden mannigfaltige Wege zum Kontakt mit allen Wesen im Universum. Das gilt auch für die Kommunikation mit uns Menschen. Vielleicht hast du bereits Erfahrungen gesammelt, und dir wurden Botschaften durch Dritte übermittelt oder du hast sie direkt von einem Engel empfangen. Vielleicht hast du daran gezweifelt, dass die Botschaft von einem Engel kam, da sie nicht zu deinen Erwartungen einer Engelwahrnehmung passte. Mit einer besonderen Vorliebe erwählen Engel immer wieder unterschiedliche Kommunikationswege und Botschaften, damit die Menschheit endlich aufhört, die Engel in eine Schublade zu stecken. Mit ihrer unkonventionellen Art zwingen die Engel uns, die Schublade immer wieder zu öffnen und deren Inhalt zu prüfen und neu zu ordnen.

Die Engel können zwar die irdische Realität nicht auf die Weise wahrnehmen, wie du sie siehst, jedoch empfangen sie deine Schwingung und unterstützen dich bei deinen Aktivitäten. Doch sie wissen nicht, dass sie dich bei alltäglichen Themen wie beispielsweise Sport, Essen, Sexualität, Musik, Freizeit und so weiter unterstützen. Sie selbst können nur deine Schwingung wahrnehmen und ob du im Einklang bist oder in Disharmonie.

Sie lehren uns durch ihre Botschaften das kosmische Gesetz und die Zusammenhänge im Universum und wie diese sich auf die Erde auswirken. Sie übermitteln uns kosmisches Wissen, das wir auf der Erde zur Anwendung bringen sollten, damit unsere Inkarnation erfolgreich wird. Ein Gespür dafür, ob wir gewillt sind, ihre Botschaften zu hören und anzuwenden, haben sie bedauerlicherweise nicht. Sie nehmen keine Rücksicht, falls wir keine Lust haben, ihnen zuzuhören, oder wir krampfhaft versuchen, ihre Botschaften zu ignorieren. Sie lassen sich nicht aufhalten. Deshalb gib dich hin, und vertraue dir und deinem Engel.

SIND ENGEL IMMER NUR LIEB UND FREUNDLICH?

Eine überaus hartnäckige und sehr beliebte Ansicht über Engel findet hier ihr Ende: Engel sind nicht immer lieb und nett! Sie repräsentieren die Einheit in unserem Universum, und das kann durchaus unterhaltsam sein. Natürlich sind Engel durchaus lustig, humorvoll und spaßig. Handelt man aber wider die Göttlichkeit, dann können Engel ausgesprochen unlocker werden und ihre strenge und autoritäre Seite zum Ausdruck bringen. Für uns Menschen ist das wenig amüsant. Engel können, sofern es erforderlich ist, zuweilen unverkennbar brutal sein. Ihre Absicht ist stets weder Bösartigkeit, noch haben sie irgendwelche hinterlistigen Gedanken. Sie handeln nicht, um zu schaden, sondern, um tief greifenden Schaden abzuwenden. Sie haben einen wesentlich tiefgründigeren Blick ins kosmische Geschehen und können die Zusammenhänge optimal erfassen. Betreuen sie ein Wesen in seinem Aufwachprozess, ist es manchmal nötig, eine Art Schocktherapie zu verabreichen, denn ist eine Seele in der Illusion gefangen, hilft oft nur die direkte Konfrontation. In diesem Fall ist nicht Luzifer am Werk, wie man meinen könnte, sondern tatsächlich ein Engel der Lichtseite.

Aus diesem Grund ist es immer vorteilhaft, seine persönliche Einstellung zu Engeln genau zu hinterfragen und gegebenenfalls das Bild der überheiligen, sanften, fürsorglichen Engel ad acta zu legen. Wie bereits erwähnt, sind Engel durchaus humorvoll, denn die Göttlichkeit trägt viele Aspekte in sich. Ihr Humor, ihr Witz und eine oftmals schalkhafte Komik gehören ebenso zu ihnen wie ihre Strenge und Konsequenz. Die Vorstellung, dass ein Engel sich kleine Späße auf deine Kosten erlaubt oder dass einem Engel Fehler unterlaufen, wollen viele Menschen nicht wahrhaben. Es ist allerdings die Wahrheit. Ich habe schon beobachtet, dass Engel Wetten darüber abschließen, ob ihr Schützling erfolgreich ist oder nicht. Dennoch sind Engel, wie die gesamte Schöpfung, also auch du, vollkommen. Wir alle sind Aspekte der Göttlichkeit, jedoch nicht die vollständige Göttlichkeit, die alle Aspekte überblicken kann. Das hat für einen Engel die gleichen Konsequenzen, wenn nicht sogar folgenschwerere, wie für Lichtwesen. Und wie sollte es anders sein: Bei jedem universellen Abenteuer laufen die Engel ebenso Gefahr, sich Schrammen einzufangen, wie, das absolute Glücksgefühl zu erfahren. Beide Optionen sind gegeben, und jede Seele, mit oder ohne freien Willen, wird ihren Weg wählen. Wäre das nicht der Fall, wären wir nichts weiter als göttliche Marionetten. Engel erleben Abenteuer im Universum und in der Engelsphäre, mal lustig, mal schmerzhaft, mal gibt es ein Happy End, und ab und zu gibt es kein Happy End. Dann heißt es: Alles noch einmal auf Anfang, neuer Versuch.

Engel weisen unbestritten wundervolle und bezaubernde Seiten auf sowie Seiten, die wir nicht sehen wollen, weil es unserer Meinung nach nicht sein kann, dass Engel sie leben. Auch gibt es die Seiten, die wir ihnen andichten, da wir felsenfest davon überzeugt sind, dass Engel sie haben müssen. Dabei vergessen wir, dass, sobald ein Engel die Engelsphäre verlässt, er den Energien des Universums unterliegt. Unser Universum besteht aus Dimensionen, die die jeweilige Bewusstseinsstufe symbolisieren. Verlässt ein Engel die Engelsphäre, wird er von der jeweiligen Dimensionsenergie durchströmt, und die Merkmale des Engels treten auf unterschiedliche Weise zum Vorschein. So würde ein Engel, der sehr gern dient, in der Engelsphäre als nicht mehr und nicht weniger als dieser dienende Engel betrachtet. Auf der Erde jedoch wäre es möglich, dass wir sagen, dieser Mensch (Engel) habe ein Helfersyndrom. Jede Charaktereigenschaft kann außerhalb der Engelsphäre auf unterschiedlichste Arten wahrgenommen und gedeutet oder gar gewertet werden. Daher ist es wichtig, dass auch wir auf der Erde erkennen, dass Bewertung keine Option ist, wollen wir unser Bewusstsein entfalten. Es würde schon helfen, wenn wir unsere Vorstellung davon, wie Engel sein müssen, aufgeben und aufhören, ihnen Eigenschaften aufzubrummen, die sie freiwillig niemals leben würden. Ich bin mir sicher, dass so mancher Engel es dir danken wird und seine Freude darüber, dir und Gott dienen zu dürfen, um das Millionenfache steigt.

Die Engelhierarchien

Es gibt 3 x 3 Hierarchieebenen innerhalb der Engelsphäre. Je nach Hierarchiestufe übernehmen die Engel den Auftrag, den sie von dem über ihnen stehenden Engel oder direkt von einem Seraphim erhalten haben. In der Literatur wird häufig beschrieben, wie Engelscharen den Thron Gottes umkreisen. Doch dem ist nicht so, denn der Urkern, die Quelle oder das Zentrum ist nicht innerhalb unseres Universums. Wahr ist hingegen, dass Engel durch ihre in der Einheit zurückgelassenen Seelenanteile den höchsten Zugang zur göttlichen Energie besitzen.

Erste und oberste Hierarchie
- 9. Seraphim
- 8. Cherubim
- 7. Elohim

Zweite und mittlere Hierarchie
- 6. Throne
- 5. Kräfte
- 4. Gewalten

Dritte und unterste Hierarchie
- 3. Fürstentümer
- 2. Erzengel
- 1. Engel

SERAPHIM

Sie sind die am höchsten entwickelten Engel und koordinieren alles, was in unserem Universum geschieht. Die Seraphim tragen, was die gesamte Schöpfung des Universums anbelangt, die meiste Verantwortung. Besonders Michael wird hier gefordert. Er ist der »höchste« Engel im Universum, was ihm die tragende Rolle als Gegenspieler Luzifers einbringt. Zadkiel ist der Gegen*pol* Luzifers, Michael sein Gegen*spieler*.

In der Engelsphäre empfangen die Seraphim die reine Schwingung der Einheit, die sie sowohl in die Engelsphäre als auch ins Universum weiterleiten. Hierbei gilt es zu beachten, dass sie die Schwingung der jeweiligen Dimension anpassen. Die Energie geht nicht verloren, sondern wird von den Seraphim bewusst auf ein erträgliches Maß reduziert. Die Seraphim sind dafür verantwortlich, dass die unteren Ebenen der Engelsphäre ihr Bewusstsein anheben, und sie reinigen die Engel, die aus dem Universum in die Engelsphäre zurückkehren. Innerhalb der Engelsphäre überwachen sie die Bewusstwerdung jedes einzelnen Engels und verteilen entsprechende Aufträge. Sie betreuen unzählige Projekte im Universum, und nur wenige Seraphim bleiben fortwährend in der Engelsphäre wie ihr Vorsteher, Seraphim Ampheniel. Er verlässt die Sphäre so lange nicht, wie er das Amt als Vorsteher innehat.

Die Seraphim sind aktive Engel, die niemals stillstehen. Sie sind unablässig im Einsatz. Sie benötigen keine Regeneration und können daher ihren Aufträgen unendlich nachgehen. Sie sind die konse-

quentesten Engel und scheuen sich nicht, etwas zu zerstören, sollte das dem Allgemeinwohl dienen. Alle Seraphim sind in ihrer vollen Kraft außergewöhnlich streng. Sie schauen nur nach vorn, in ihrer Ebene gibt es keine Kompromisse.

Viele Seraphim verließen nach und nach die Engelsphäre und übernahmen Aufgaben wie die Begleitung der Seelensphären oder die Funktion eines sphärischen Begleiters. Ebenso zählt zu ihren Aufgaben die Funktion der kosmischen Eltern. Diese Aufgaben betreffen das gesamte Universum und nicht nur die Seelen, die auf der Erde inkarniert sind. Die Bandbreite der Aufgaben im Universum ist gigantisch, und jeder Engel trägt zur Entfaltung und Bewusstwerdung jeder Seele bei.

CHERUBIM

Eine der Hauptaufgaben der Cherubim ist es, die göttliche Weisheit aus der Einheit über die Engelsphäre ins Universum weiterzuleiten. Die göttliche Weisheit besteht ebenfalls aus hoher Schwingung, wird jedoch im Gegensatz zur allgemeinen neutralen göttlichen Energie nicht heruntertransformiert. Das Universum erhält diese also ungefiltert. Jede Seele kann entscheiden, ob es die Weisheit in sich erweckt und nutzt oder nicht. Sie steht allen Dimensionen und allen Seelen immer in gleichem Maß zur Verfügung.

Des Weiteren übernehmen die Cherubim die Rolle der »Schutzengel« für die wundervollen Sternen- und Sonnenwesen. Der begleitende Seraphim ist Sandalphon, jedoch steht jeder Seele aus dieser Sphäre überdies ein persönlicher Cherubim unterstützend zur Seite.

Innerhalb der Engelsphäre übernehmen die Cherubim die Aufgabe, die zurückkehrenden Engel auf disharmonische oder universelle Energie zu prüfen. Erst wenn ein Cherubim das Einverständnis gibt, kann der Engel wieder vollkommen in die Sphäre eintauchen.

Des Weiteren kontrollieren sie die unter ihnen stehenden Elohim. Sie sind neu in die oberste Hierarchie aufgestiegen und müssen lernen, ihre Aufträge im Bewusstsein eines Elohim zu erfüllen. Zudem erfüllen die Cherubim die Aufgabe des Lehrens innerhalb der Engelsphäre.

Ihre Schwingung ist nur wenig geringer als die der Seraphim, jedoch ist dieser feine Unterschied für alle spürbar. Sie sind ebenso wie die Seraphim unablässig im Einsatz, jedoch verbringen sie mehr Zeit innerhalb der Engelsphäre als die Seraphim. Sie benötigen ab und an eine Reinigung ihrer Schwingung, die wiederum von einem Seraphim durchgeführt wird.

ELOHIM

Elohim übernehmen die wichtige Aufgabe, die Sehnsucht nach Erleuchtung in jedem Wesen zu entfachen. Das geschieht sowohl innerhalb als auch außerhalb der Engelsphäre. Viele Seelen im Universum verspüren keinen Drang, ihre Bewusstwerdung anzustreben. Hier wirken die Elohim, jedoch ohne manipulierend einzugreifen. Sie sind zudem die Engel, die die Seraphim in bedeutendem Ausmaß beim Eindämmen der Energie Luzifers unterstützen. Sie bilden außerhalb der Engelsphäre zusammen mit Seelen aus anderen Sphären ein Bündnis, das Luzifers Verbündete in Schach hält.

Elohim besitzen innerhalb der obersten Hierarchiestufe die ruhigste Energie. Mit Ruhe beaufsichtigen sie das Werden und Vergehen im Kosmos. Sie unterstützen Projekte, die ihren Anfang oder ihr Ende nehmen. Der Aufbau sowie die Beendigung eines Projektes benötigt viel Achtsamkeit und Feingefühl. Sie sind die Lebensenergie des kosmischen Willens und fördern hierdurch die Kreativität jeder Seele. Durch diese Aufgabe sind sie vermehrt im Universum anzutreffen.

Die Elohimenergie ist ruhig und sehr fokussiert. Die Elohim besitzen noch nicht die Kraft, ihre Energie aus eigenem Antrieb zu erneuern. Sie benötigen eine Regenerationszeit und erhalten diese in Energiefeldern, die von den Seraphim in allen Dimensionen erschaffen wurden. Auch wenn sie noch nicht das Bewusstsein der Seraphimebene erreicht haben, sind sie fähig, in der zwölften Dimension zu wirken.

THRONE

Throne sind die bewusstesten Engel der zweiten Hierarchiestufe und tragen in dieser Ebene eine tief greifende Verantwortung. Sie bereiten sich darauf vor, eine neue Hierarchiestufe zu erlangen und erhalten, sobald das geschieht, die letzten zwei Flügel. Das bedeutet eine große Herausforderung, die sie intensiv wahrnehmen. Sie werden eng von den Elohim betreut, sowohl innerhalb als auch außerhalb der Engelsphäre.

Viele Engel der Throneebene arbeiten mit der Erde. Diese Bewusstseinsebene befasst sich im großen Stil mit der Bewusstwerdung der unteren fünf Dimensionen. Die Throne haben es sich zur Aufgabe gemacht, diesen Seelen ihre vollkommene Unterstützung zukommen zu lassen. Sie sind daher an allen Projekten bis zur fünften Dimension beteiligt, entweder als inkarnierte Seelen oder als Begleiter. Sie senden unter anderem Lichtimpulse ins irdische Matrixfeld, was eine Bewusstseinsveränderung erleichtert.

Zudem wurde dieser Hierarchiestufe die Aufgabe übertragen, das Universum in seiner Gesamtheit bis zur siebten Dimension zu »managen«: Wer ist wo, wann und wie, und wer trifft wen, warum und weshalb? Dies ist eine gigantische Aufgabe.

Des Weiteren regeln die Engel dieser Hierarchie die Pflichten aller unter ihnen stehenden Engel.

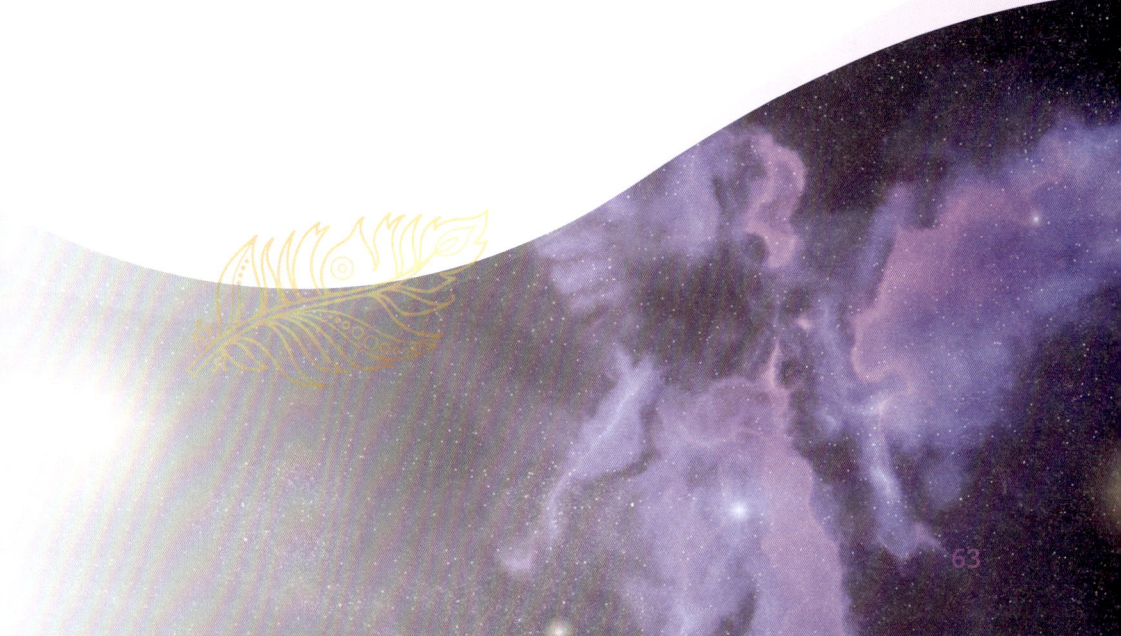

KRÄFTE

Die Engel der Kräfte sind für die Seelen der unteren Dimensionen verantwortlich. Ihre Aufgabe beinhaltet, Seelen in Bezug auf ein bestimmtes Projekt bei der Inkarnation zu unterstützen sowie bei der Rückkehr in ihre Sphäre Hilfe zukommen zu lassen, beispielsweise beim Sterben.

Sie sind fähig, ihre Arbeit bis in die zehnte Dimension auszuweiten, was jedoch nicht oft vorkommt, da ihnen die Schwingung der zehnten Dimension einiges abverlangt. Meistens wirken sie bis in die neunte Dimension hinein.

Sie selbst nutzen rege das Angebot eines eigenen Bewusstseinsprozesses in den universellen Projekten. Sie lieben es zudem, in andere Seelensphären zu »inkarnieren« und dort unterschiedliche Aufgaben zu übernehmen. Auch profitieren sie von der Vielfältigkeit, die in den Seelensphären herrscht. Zu ihren Aufgaben zählt unter anderem die verantwortliche Koordination der einzelnen Projekte. Zusammen mit einem Cherubim leiten sie die Projekte und stellen gegebenenfalls eine Verbindung zwischen ihnen her.

Die Engel der Kräfte übernehmen häufig Aufgaben, die mit dem Projekt Erde zu tun haben. Sie sind die Engel, die am häufigsten ins irdische Weltgeschehen eingreifen, sollte dies vonnöten sein. Für die Erde besitzen sie darüber hinaus einen besonderen Wert: Sie sind die Hüter der Menschheitsgeschichte! Und sie kontrollieren beispielsweise alle Naturgesetze auf der Erde.

Als Seelen sind sie ungeduldiger als Engel der anderen Hierarchien. Sie streben gradlinig nach vorne, und ihr Wille zur Entfaltung der eigenen Seele ist enorm. Sie sind voller Hingabe an die gesamte Schöpfung im Universum und bestrebt, so viel wie möglich außerhalb ihrer Seelensphäre kennenzulernen.

GEWALTEN

Die unterste Gruppe der zweiten Engelhierarchie ist am »ehrgeizigsten«. Gerade in der höheren Ebene angelangt, verlangt es sie nach mehr. Sie stehen in außerordentlich engem Kontakt zu den Engeln der Mächte. Sie sind die »Polizei« der unteren Dimensionen (bis zur sechsten) im Universum. Sie schützen den Kosmos der unteren Dimensionen vor allzu negativer Energie. Hierbei lernen sie, ihre Achtsamkeit und Aufmerksamkeit gegenüber der Polarität zu schärfen. Die Gewalten können hier zum ersten Mal direkten Kontakt zu Luzifer erhalten. Geschieht dies, sind sie immer in einer Gruppe, und damit stehen sie unter dem Schutz eines Seraphim.

In den unteren Sphären kämpfen sie aus dem Hintergrund fortwährend gegen negative oder dunkle Wesen. Eine beeindruckende Aufgabe der Gewalten ist es, alle Wesenheiten der ersten bis sechsten Dimension, die sich für die Lichtseite entscheiden, auf ihrem Weg zu begleiten und sie hingebungsvoll bei ihrem Wandel zu unterstützen.

Beginnen die Engel der Gewalten ihre Aufgabe im Universum, werden sie meist auf der Erde eingesetzt. Ihr Auftrag ist es, die Erde im Gleichgewicht zu halten und dafür zu sorgen, dass nicht zu viele ungünstige Energien auf die Erde einströmen. Sie bilden außerhalb des irdischen Matrixfeldes eine Barriere und achten darauf, dass keine Seele ohne Erlaubnis die Erde betritt. Sie tragen die Energie der Neugierde in sich und sind bestrebt, alles auszuprobieren.

FÜRSTENTÜMER

Die letzte Ebene der dritten Hierarchie sind die Engel der Fürstentümer. Sie arbeiten, gleich wie die Gewalten, gern und intensiv mit der Erde zusammen. Ihnen wurde die Aufgabe zugeteilt, die Städte, Länder und Völker aktiv zu schützen. Das bedeutet, dass sie eine besonders enge Verbindung zur Erde eingehen, da sie, anders als die Gewalten, die außerhalb des irdischen Einflusses mit der Erde arbeiten, direkt im Energiefeld der Erde aktiv sind.

Viele Engel aus dieser Ebene haben sich dem unmittelbaren Dienst an der Menschheit verschrieben. In der heutigen Zeit wecken sie die Liebesfähigkeit im Menschen und bringen die zwölf Hauptenergiezentren, die Chakras des Menschen, in Einklang. So sind sie es, die direkt am Energiefeld der Seelen auf der Erde arbeiten.

Sie sind auf eine Art unbeschwert, jedoch ist ihnen anzumerken, dass sie bestrebt sind, eine neue Hierarchieebene zu erreichen.

ERZENGEL

Die Erzengel werden auf der Erde für vielerlei Arbeiten eingesetzt. Sie waren diejenigen, die sich als Erste für das Projekt interessierten. Erzengel sind die zweitniedrigste Bewusstseinsstufe der Engel, daher beschränken sich ihre Aufgaben im Universum auf die vier untersten Dimensionsebenen. Die Auswahl an wirklich spannenden Abenteuern ist hier etwas dürftig, und so sahen sie im Er-

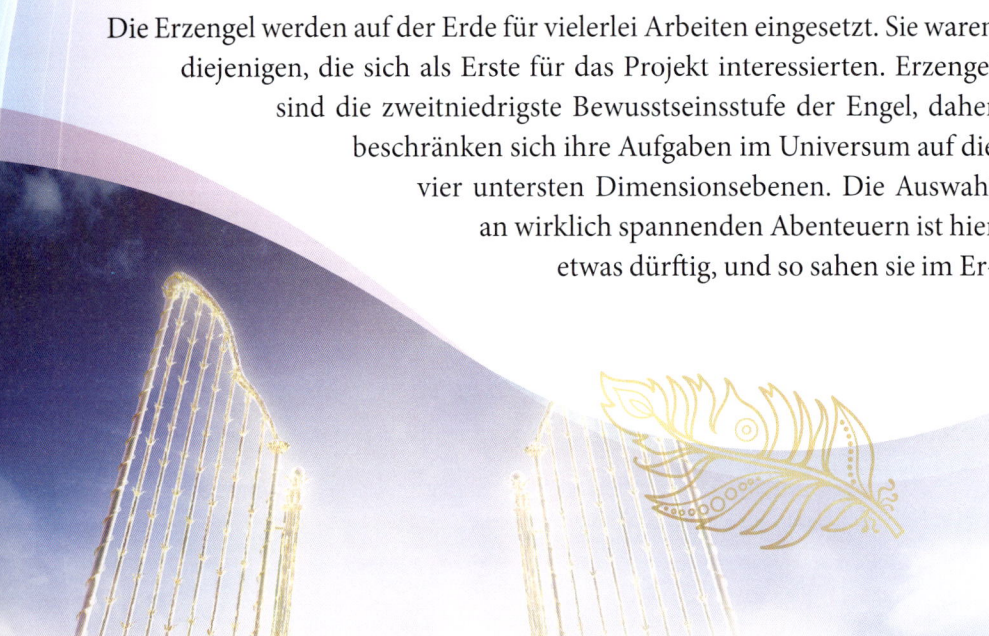

denprojekt ihre Chance. Sie übernahmen die Betreuung fast aller Wesen auf der Erde und halten mit ihnen engen Kontakt. Leider ist der Kontakt zwischen Menschen und Erzengeln verloren gegangen, doch stört sie das nicht. Die Erzengel begleiten uns weiterhin durch unser Leben. Ihnen wurde des Weiteren die Aufgabe übertragen, die Engel, die als Schutzengel fungieren, zu betreuen und sie bei Bedarf tatkräftig zu unterstützen. Eine weitere Aufgabe der Erzengel ist es, alle Wesen der Seelensphäre Sun & Star, also Sonnen-, Sternen- und Planetenwesen wie Gaia, zu betreuen. Sie arbeiten direkt mit einzelnen Personen, sofern diese darum bitten.

Sie sind heitere Engel, die ihre Arbeit lieben und sich ein kindliches Gemüt bewahrt haben.

ENGEL

Sie dienen allen Wesen bis zur vierten Dimension als Schutzengel und sind den Seelen, die eine Inkarnation im Universum vollbringen, am nächsten. Mit ihnen kann jede Seele persönlich Kontakt aufnehmen. Da die Engel unmittelbar im Aurafeld eines Wesens wirken, werden sie am häufigsten wahrgenommen.

Auf der Erde leisten sie direkten Dienst am Menschen. Meist begleitet ein Schutzengel eine Seele über mehrere Inkarnationen hinweg. Avatare und Seraphim besitzen keinen Schutzengel, sondern werden von einem anderen Seraphim oder Avatar betreut.

Irdische Babys und Kinder bis zum siebten Lebensjahr haben sieben Schutzengel. Nach dem siebten Lebensjahr sind es drei Schutzengel, ab dem 21. Lebensjahr noch einer. Schutzengel arbeiten mit voller Hingabe mit ihren Schützlingen. Sie heilen, sie lieben, sie führen und inspirieren alle inkarnierten Seelen. Sie begleiten eine Seele zu ihrem wahren Potenzial und fördern damit die Angleichung an den göttlichen Urton.

Sie sind aufgeweckte und lustige Engel, die die Freude an der Arbeit im Universum in den Vordergrund stellen.

 ## Meditation: Die Engelhierarchien

Mache es dir auf deiner Unterlage bequem. Entspanne dich, atme tief ein und aus. Lasse alle Verspannungen, die du fühlst, los, werde leicht und weich. Atme weiter tief ein und aus, bis dein ganzer Körper mit frischem Atem angefüllt ist. Du fühlst, wie dein Körper immer weiter in die Entspannung gleitet. Du fühlst dich in deinem menschlichen Körper wohl, spürst die Sicherheit, die er dir gibt. Deine Gedanken und deine Sinne sind ausgeglichen, Wohlbehagen breitet sich in deinem gesamten Körper aus. Atme in Leichtigkeit weiter ein und aus. Dein Atem fließt in Harmonie ein und aus. Du fühlst dich wohl, und deine geistigen Sinne erwachen. Dein Blick wendet sich nach innen, und du spürst eine Wärme, die von einem Licht ausgeht. Dieses Licht ist umhüllend. Es kommt näher. Du erkennst, dass es das Licht eines Seraphim ist. Die Freude über sein Erscheinen bahnt sich den Weg zu dir. In diesem Augenblick ist ein Seraphim bei dir, an deiner Seite. Mit deinen inneren Augen kannst du ihn deutlich wahrnehmen. Die umhüllende Liebe und Hingabe eines Seraphim an dich berührt dein Herz. Tiefe innere Ruhe und Ausgeglichenheit erfüllen dein Sein. Der Seraphim berührt dich mit seiner Energie und erklärt dir, dass er dich gern auf eine Astralreise mitnehmen möchte. Er bittet dich, ihm hierzu deine Erlaubnis zu geben. Gib ihm dein Einverständnis bitte jetzt.

Der Seraphim erklärt dir sanft, dass er deinen Astralkörper aus deinem menschlichen Körper hebt. Du bist jedoch weiterhin vollständig mit deinem menschlichen Körper verbunden. Der Seraphim beginnt, deinen Astralkörper mit seiner wundervollen Energie einzuhüllen. Er empfängt dich mit seinen großen Flügeln und trägt dich in seinen sanften Armen. Du bist vollkommen sicher und geborgen. Du weißt, der Seraphim hält dich, und du bist in Liebe eingehüllt.

Der Seraphim hat in diesem Augenblick deinen Astralkörper aus deinem menschlichen Körper gehoben und erhöht die Energieschwingung sehr behutsam. Eure gemeinsame Astralreise hat begonnen.

Durch das Anheben der Energie wird dein Astralkörper von einer angenehmen Wärme durchflutet. Er fühlt sich immer leichter an. Deine Sinne nehmen eine veränderte Schwingung wahr, und der Seraphim flüstert dir zu, dass ihr im Schwingungsfeld eures Ziels angekommen seid. Deine Füße berühren ganz zaghaft den ätherischen Boden des Engel-Energiefeldes. Den Boden, der deinen Astralkörper sanft und sicher trägt. Deine Astralaugen öffnen sich langsam, und du betrachtest deine Umgebung. Du blickst in das sanfte Gesicht des Seraphim, und die Liebe, Sicherheit und Geborgenheit, die von ihm ausgehen, durchströmen deinen Astralkörper.

Mit deinen Astralaugen siehst du eine wunderschöne Tür. Diese Tür glitzert in allen Regenbogenfarben. Du gehst ganz vorsichtig auf diese Türe zu. Sie zieht dich magisch an, und im nächsten Augenblick stehst du vor ihr. Deine Hand bewegt sich wie von selbst auf die Tür zu, um sie zu berühren. Sie fühlt sich wunderbar weich an, und du spürst die Liebe und Geborgenheit, die von dieser Tür ausgehen. Du berührst den Türknauf, und die Tür öffnet sich ganz langsam. Sobald sie sich vollkommen geöffnet hat, schreitest du mutig durch sie hindurch und befindest dich in einem behaglichen, kosmischen Energiefeld. Augenblicklich fühlst du dich wohl und geborgen. Dein Blick schweift umher und fällt auf die Engel, die in unterschiedlichen Gruppen zusammenstehen. Du spürst, dass von den Engelgruppen vielfältige starke Energiewellen ausgehen. Der Seraphim tritt zu dir und erklärt dir, dass das, was du siehst, die verschiedenen Engelhierarchien sind. Jede Hierarchie hat ihre einzigartige Schwingung und Aufgabe. Du bist überwältigt und tief bewegt von der friedlichen Liebe, die jede einzelne Hierarchie ausstrahlt. Die Engel eröffnen einen Weg in ihrer Mitte und laden dich ein, hindurchzutreten. Auf dem Weg in ihre Mitte kannst du ein riesiges regenbogenfarbenes Herz sehen. Das Herz schwebt 20 Zentimeter über dem Boden und dreht sich ganz langsam. Der Seraphim lädt dich ein, in das Herz zu steigen, das dich vollkommen umschließt. Du fühlst, wie die Ruhe dich vollkommen ausfüllt. Deine menschlichen Gedanken lösen sich auf, und in dir entsteht ein Raum, der mit der Liebe, die du bist, ausgefüllt wird.

Der Seraphim steht außerhalb des Herzens und erklärt dir, dass jetzt nach und nach aus jeder Engelhierarchie ein Engel zu dir in das Herz steigen wird. Die Engel der untersten Hierarchiestufe machen den Anfang. Ein Engel, der dir als Schutzengel dient, steigt zu dir in das Herz. Ihr begrüßt euch mit einer leichten Verbeugung. Dein Schutzengel tritt näher und legt seine Hand auf dein Herz. Augenblicklich durchströmt dich das Gefühl der Freude.

Der Engel erklärt dir in Gedanken, dass du ab jetzt mit der Energie der Engel verbunden bist. Du kannst die Energie der Schutzengel in dir spüren. Ihre Liebe zu dir erwacht in diesem Moment, und du fühlst, wie sie dich jederzeit mit ihrer Energie unterstützen. Genieße die Verbundenheit, die in dir ihren Raum findet. Der Engel und du werdet eins. Nimm dir Zeit, das Gefühl in jeden Winkel deines Seins eindringen zu lassen. Langsam löst sich der Engel von dir, verabschiedet sich und tritt aus dem Herzen hinaus.

Es wartet schon der nächste Engel, der zu dir in das Herz steigen will. Es ist ein Erzengel. Er steigt zu dir in das Herz, und ihr begrüßt euch freudig. Der Erzengel hebt seine Hand und legt sie behutsam auf dein Herz. Sofort verspürst du eine wundervolle Wärme, die dein gesamtes Sein erfasst. Der Erzengel lässt die Energie der Hoffnung in dir erwachen. Du kannst wahrnehmen, wie die Energie der Hoffnung dein ganzes Herz ausfüllt und von hier aus in alle Zellen fließt. Der Erzengel gibt dir zu verstehen, dass die Energie der Erzengel ab diesem Augenblick in dir strömt. Du kannst die Macht, die vom Erzengel ausstrahlt, wahrnehmen und in dich aufnehmen. Die Macht der Hoffnung umgibt dich. Du nimmst wahr, wie die kraftvolle Hoffnung in dir wirkt. Du weißt, dass die Erzengel jederzeit zur Hilfe eilen, wenn du sie benötigst. Langsam hebt der Erzengel seine Hand von deinem Herz, verabschiedet sich und verlässt das Herz wieder.

Ein weiterer Engel betritt das Herz. Es ist ein Engel aus der Hierarchie der Fürstentümer. Ihr begrüßt euch liebevoll. Vorsichtig hebt der Engel des Fürstentums seine Hand und legt sie auf dein Herz. Bei seiner Berührung durchfährt dich ein Schauer, und du nimmst pures Glück wahr. Der Engel des Fürstentums blickt dir voller Liebe in die Augen, und du weißt: Egal, wie du handelst, die Engel werden dich nicht bewerten. Diese Gewissheit verstärkt dein Glücksgefühl um das Tausendfache. Der Engel des Fürstentums versichert dir, dass dir die Hilfe der Engel des Fürstentums jederzeit zur Seite stehen. Genieße die Energie einen Augenblick, und versinke darin. Der Engel des Fürstentums zieht seine Hand langsam von deinem Herzen und verabschiedet sich. Er verlässt das Energieherz.

Für einen Moment bist du allein im Herzen, und die Engel der drei Hierarchien umringen es von außen. Jeder einzelne Engel lässt seine Energie in das Herz hineinströmen, und du wirst von unendlicher Liebe umhüllt. Die

Gruppe der ersten Engelhierarchie tritt zurück, und die Gruppe der zweiten Engelhierarchie tritt vor.

Ein Engel der Hierarchie der Gewalten tritt behutsam in das Herz, und ihr begrüßt euch herzlich. Der Engel der Gewalten hebt behutsam seine Hand und legt sie sanft auf dein Herz. Sofort durchflutet dich das zuversichtliche Gefühl, dass du alles, was du willst, erreichen kannst. Nichts und niemand kann dich von deinem Weg der Liebe abbringen. Der Engel der Gewalten verstärkt nochmals seinen Energiefluss, und die Gewissheit über deine Kraft erwacht vollkommen in dir. Genieße diesen Augenblick. Der Engel der Gewalten zieht behutsam seine Hand zurück und verabschiedet sich von dir. Langsam verlässt er das Herz wieder, und ein anderer Engel betritt es und stellt sich dir gegenüber.

Es ist ein Engel der Hierarchie der Mächte. Ihr begrüßt euch herzlich, und der Engel der Mächte legt seine Hand auf dein Herz. Augenblicklich durchströmt dich die Kraft und Macht deiner göttlichen Seele. Du bist einen Augenblick von dieser Macht überwältigt. Niemals hättest du gedacht, dass dir solche Macht innewohnt. Der Engel der Mächte verstärkt nochmals die Energie, und du kannst wahrnehmen, wie deine ureigene Macht in dir zur Gänze erwacht. Genieße den Augenblick. Der Engel der Mächte hebt vorsichtig seine Hand von deinem Herzen, und ihr verabschiedet euch liebevoll. Der Engel der Mächte verlässt das Herz, und der nächste Engel gesellt sich zu dir.

Es ist ein Engel der Hierarchie der Throne. Ihr begrüßt euch herzlich, und der Engel der Throne legt seine Hand sanft auf dein Herz. In diesem Moment kannst du wahrnehmen, wie deine Bewusstheit aktiviert wird. Du kannst wahrnehmen, wie der Wille zur Bewusstseinsentfaltung in dir an Stärke gewinnt. Du richtest dich immer mehr auf. Genieße diesen Augenblick. Der Engel der Throne hebt sanft seine Hand von deinem Herzen und verabschiedet sich liebevoll von dir. Behutsam verlässt er das Herz.

Die Engel der Gewalten, Mächte und Throne umringen das Herz und lassen all ihre Liebe zu dir fließen. Du weißt, alle drei Engelhierarchien stehen dir allzeit zur Seite. Du gibst dich dem Augenblick vollkommen hin. Nach einem Moment der Stille treten die Engel der zweiten Hierarchiestufe zurück, und die Engel der dritten Hierarchiestufe treten hervor.

Ein Engel der Elohim tritt zu dir in das Herz, und ihr begrüßt euch liebevoll. Der Elohim berührt mit seiner Hand sanft dein Herz. Kaum berührt seine Hand dein Herz, verspürst du die Macht der Erleuchtung in dir. Du weißt, dass Bewusstwerdung der Weg zur Erleuchtung ist. Du bist dir jetzt vollkommen bewusst, dass dein Bewusstsein dich zur Erleuchtung führen wird. Eine unbeschreibliche Gelassenheit breitet sich in dir aus. Du weißt: Egal, wie lang der Weg ist, am Ende wirst du vollkommene Erleuchtung erlangen. Genieße diesen Augenblick der Erkenntnis. Der Elohim hebt vorsichtig seine Hand von deinem Herzen, und ihr verabschiedet euch herzlich. Behutsam verlässt er das Herz, und ein Cherubim tritt ein.
Ihr begrüßt euch liebevoll, und der Cherubim hebt langsam seine Hand und legt sie auf dein Herz. In diesem Augenblick erwacht die Weisheit in dir. Du kannst erkennen, dass die Weisheit des Universums deine eigene Weisheit spiegelt. Du bist die kosmische Weisheit. Die Erkenntnis löst in dir einen Strom der puren Freude aus. Genieße das Gefühl einen Augenblick. Der Cherubim entfernt vorsichtig und behutsam seine Hand von deinem Herz, und ihr verabschiedet euch liebevoll. Langsam verlässt er das Herz, und ein Seraphim betritt das Herz.
Er schaut dir tief in die Augen und erfüllt dein ganzes Sein mit seiner liebevollen Präsenz. Du kannst die Kraft und Macht des Seraphim in deiner gesamten Seele spüren. Er versenkt seinen Blick in dir. In diesem Moment kannst du wahrnehmen, dass der gesamte Kosmos, das gesamte Universum, in dir ist. Die Erkenntnis, dass du das Universum bist, löst in dir eine unbeschreibliche Glückseligkeit aus. Du bist nicht von anderen getrennt, sondern die gesamte Schöpfung ist das Universum, und du bist mittendrin. Genieße den Augenblick der Erleuchtung. Der Seraphim zieht seinen Blick zurück und verabschiedet sich herzlich von dir. Er verlässt behutsam das Herz, und alle Engel versammeln sich nochmals darum.
Sie übersenden dir die Botschaft, dass sie, wann immer du sie benötigst, an deiner Seite sind. Vorsichtig ziehen sich die Engel bis auf einen Seraphim zurück. Dieser bittet dich, aus dem Herzen zu steigen. In diesem Augenblick ist dein Herz wieder vollkommen mit deinem Astralkörper verbunden. Du fühlst in deinem Herzen die Liebe und Hingabe der gesamten Engelhierarchie. Niemals geht diese Verbindung verloren. Sie besteht von nun an

so lange, wie du es wünschst. Nur du allein bist bemächtigt, diese innige Verbindung zu trennen.

Du nimmst in dir eine unbeschreibliche Stärke und Größe wahr, die du mit ins irdische Leben nehmen wirst. Du bist eine wundervolle Seele, die ihre wahre Schönheit auf der Erde sicher und geschützt präsentieren darf. Dein kompletter Astralkörper und deine gesamte Seele fühlen sich frisch und erholt.

Der Seraphim ergreift liebevoll deine Hand und geleitet dich gemächlich zur Tür. Er schaut dir voller Güte in die Augen und versichert dir, dass er allzeit an deiner Seite ist und du dich in allen Situationen an ihn wenden darfst. Du ergreifst in dem Bewusstsein den Türknopf, dass du jederzeit wieder an diesen wundervollen Platz der Engel zurückkommen kannst.

Gemeinsam tretet ihr durch die Tür. Der Seraphim nimmt dich in seine sanften Arme, und du schmiegst dich hingebungsvoll an. Er breitet seine weichen Flügel um dich und beginnt, die Schwingung langsam zu verringern. In diesem Augenblick habt ihr das irdische Schwingungsfeld erreicht, und der Seraphim beginnt, deinen Astralkörper mit deinem menschlichen Körper zu verbinden.

Du bist vollkommen glücklich. Du weißt, dass du all die Heilung, die du erfahren durftest, in deinen menschlichen Körper einbinden wirst. Der Seraphim legt deinen Astralkörper vollständig in deinen menschlichen Körper, und du kannst spüren, wie sie sich perfekt miteinander verbinden und verschmelzen. Ein tiefes Gefühl der Befriedung breitet sich von deinem Herzchakra über deinen gesamten Körper aus. Der Seraphim lächelt dich an, umarmt dich und winkt dir zum Abschied zu. Du schickst ihm einen Liebesstrahl der Dankbarkeit und kommst in deiner Zeit ins Hier und Jetzt zurück. Lasse dir Zeit, genieße deine Gefühle, und nimm dein Umfeld mit neuem Blickwinkel wahr.

Die Engelsphäre

Zunächst einmal: Das Universum ist nicht die Unendlichkeit, als die es normalerweise betrachtet wird. Das Universum, in dem wir leben, ist ein Zufallsprodukt der Einheit und durchaus endlich, sowohl in seiner Größe als auch prinzipiell in seinem Fortbestand. Es formte sich aus einem intensiven Energiestrudel in der Einheit. Alle Seelen, die zum Zeitpunkt des Geschehens an Ort und Stelle waren, wurden in den Strudel hineingezogen und bilden seither unser Universum. Unter normalen Umständen löst sich ein Universum nach einer gewissen Zeitspanne wieder auf und gliedert sich nahtlos und ohne große Hindernisse wieder in die Einheit ein. Nicht so unser Universum.

Durch den »Fall« Luzifers befinden wir uns in einem Ausnahmezustand, der nur durch die Bewusstwerdung jeder einzelnen Seele in unserem Universum abgemildert wird. Dieser Ausnahmezustand ist beendet, sobald alle Seelen wieder vollkommene Bewusstheit erlangt haben. Momentan können wir unser Universum nicht verlassen und in die Unendlichkeit der Einheit eintauchen. Unser Universum ist sozusagen eine geschlossene Gesellschaft. Das bedeutet, alle Seelen in unserem Universum waren von Anbeginn dabei, und so kehren wir auch als geschlossene Gruppe wieder in die Einheit zurück.

Zu Beginn herrschte in unserem Universum das totale Chaos. Es begann erst, sich zu lichten, als sich Seelen mit einer gleichen Grundschwingung zusammenfanden und gemeinsam ein in sich abgeschlossenes Energiefeld erschufen. Die Seelensphären waren geboren.

Die Seelen in unserem Universum besaßen und besitzen noch immer unterschiedliche Bewusstseinsstufen. Jede Sphäre, jedes Energiefeld, das sich bildete, beherbergte mehrere Avatare, was bedeutet, dass es von Anbeginn in den Seelensphären Seelen gab, die vollkommen bewusst waren.

Unser Universum teilte sich in 12 x 12 Dimensionen und Ebenen. Mit aufsteigender Ebene gelangen wir zu einem höheren Bewusstsein, einer höheren Dimension. Gleich einer Schule, in der zwölf Schuljahre je zwölf Monate beinhalten, durchlaufen alle Schüler alle zwölf Monate und erreichen hierdurch das nächste Schuljahr, sprich die neue Bewusstseinsstufe.

Die erste Dimension entspricht der unbewusstesten Stufe und die zwölfte Dimension dem vollkommenen Bewusstsein. Die verschiedenen Dimensionen und Ebenen befinden sich überall in unserem Universum und nehmen keine besondere Position ein. Es gibt keine speziellen »Plätze«, an denen beispielsweise die fünfte Dimension vorherrscht oder die siebte oder zwölfte, denn das Universum ist allzeit in Bewegung.

Die Seelensphäre der Engel bildet eine besondere Ausnahme zu allen anderen Sphären, denn sie existiert ausschließlich in der zwölften Dimension. Nicht, weil Engel besonders heilig wären, sondern, weil die Engelwesen nicht mit ihrer gesamten Seele in das Universum eingeflossen sind. Das Energiefeld der Engel entwickelte sich unter dem Umstand, dass Engel nur zu 50 Prozent im Universum präsent sind. Demzufolge ist das Tor, durch das die Energie der Einheit ungehindert einfließt, in der Engelsphäre verankert. Eine hauchzarte Membran bzw. ein Energiefeld, die bzw. das uns von der Einheit trennt, umschließt das gesamte Universum. In der Engelsphäre ist die Membran nochmals feiner, wodurch sich verschiedene Besonderheiten der Engelsphäre ergeben.

Die Engelsphäre unterliegt einem strengen Prinzip des göttlichen Bewusstseins. Mehr als das Universum an sich mit all seinen Bewohnern muss das Energiefeld der Engel intensiv auf die Einhaltung der göttlichen Gesetze innerhalb der Sphäre achten. Sie ist ein in sich abgeschlossenes System. Dies ist einmalig in unserem Kosmos und bringt einiges Ungemach mit sich. Kosmische Gesetze mussten wegen dieser Besonderheit angepasst werden.

Die Engel unterliegen strengeren Richtlinien, was ihre Bewusstwerdung anbelangt, und ihr Spielraum für Handlungen ist stark eingeschränkt. Durch die weiterhin bestehende Verbindung zur Einheit können sie sich nicht frei bewegen, sondern unterliegen weiterhin dem urgewaltigen Energiestrom der göttlichen Liebe. Sie sind die Seelen, die tatsächlich noch einen direkten Zugang zur Energie der Göttlichkeit besitzen. Hierdurch ist ihnen der freie Wille, der die Seelen in unserem Universum ausmacht, verwehrt.

Betrachtet man das Universum und seinen Aufbau, so erkennt man, dass die Engelsphäre ein kleines Universum im Universum ist. Für die Engel gelten die kosmischen Abläufe nur in geringem Maß. Eine Besonderheit bildet beispielsweise der Weg der Bewusstwerdung. Für das Universum gelten 12 x 12 Stufen, was bedeutet, dass jede Seele 12 x 12 Ebenen des Erwachens durchlaufen darf. Bei den Engeln sind es nur 3 x 3 Stufen.

Engel können, da sie keinen freien Willen wie alle anderen Seelen im Universum haben, ihren Bewusstwerdungsweg selbst kreieren. Sie fol-

gen einem strengen Plan, was ihrer Art des göttlichen Dienens entspricht. Engel werden von einem Seraphim angeleitet, der ihren Bewusstwerdungsweg bestimmt. Alle anderen Seelen haben Begleiter und dürfen selbst entscheiden, wie, wann und wo sie agieren wollen.

Das Prinzip des Aufstiegs und die Bedeutung der einzelnen Stufen entsprechen denen des restlichen Universums. Durch die Erfahrung der eigenen göttlichen Essenz (innerhalb oder außerhalb der Engelsphäre) entfaltet sich das Bewusstsein, und die Engel schwingen sich auf die nächste Hierarchiestufe (Bewusstseinsstufe) auf. Übereinstimmend mit allen Sphären im Universum hat dies rein gar nichts damit zu tun, ob die Seele gut oder besser ist als andere, sondern lediglich damit, wie erwacht und erleuchtet sie in sich selbst ist. Die Engelsphäre bildet hierbei keine Ausnahme. Jeder Engel darf Erfahrungen und Abenteuer im Sinne der Bewusstwerdung erleben. Die Ausnahme besteht lediglich darin, dass die Engelsphäre nur 3 x 3 anstatt 12 x 12 Bewusstseinsstufen beinhaltet und die Engel nicht frei wählen dürfen. Am Ergebnis ändert das jedoch nichts, denn jede Seele, die vollkommen erwacht, verliert letztlich ihren freien Willen. Die Vermutung, dass Engel ihr Bewusstsein aufgrund der geringeren Anzahl der Stufen schneller oder einfacher erheben, ist nicht korrekt. Sie benötigen schlicht länger, bis sie in die nächste Ebene aufsteigen dürfen.

Allen Engeln ist erlaubt, die Engelsphäre zu verlassen. Auch das haben sie mit allen anderen Wesen gemein. Weil die Engelsphäre nur in der zwölften Dimension vorhanden ist, benötigen die Engel, besitzen sie noch nicht das Bewusstsein eines Seraphim, hierzu einen ebensolchen. Verlässt ein Engel die Engelsphäre, bringt ihn sein Seraphim in die seinem Bewusstsein entsprechende Dimension im Universum. Ist die Aufgabe oder der Auftrag eines Engels im Universum beendet, kehrt er mithilfe eines Seraphim wieder in die Engelsphäre zurück.

Innerhalb der Engelsphäre ist die Engelebene, in der sich unsere Schutzengel tummeln, die niedrigste. In dieser Bewusstseinsebene befinden sich alle Engel, die noch keine spektakuläre Erfahrung mit unserem Universum oder in der Engelsphäre gesammelt haben. Sie ruhen noch komplett in sich und können nicht erfassen, was sie sind. Ein großer Unterschied zu Nicht-Engelwesen ist, dass ihre Liebesfähigkeit vollkommen erblüht ist – was ihnen jedoch keinen Vorteil einbringt, sofern sie ihre Art und ihr Sein nicht verstehen.

Die Aufgaben, die ein Engel übernimmt, sind nicht immer von seinem Bewusstseinsgrad abhängig. Ein Seraphim kann, sofern er ein Impuls dazu verspürt, auf Erden durchaus die Aufgabe eines Schutzengels übernehmen. Engel, die bis dahin in der Engelsphäre geblieben sind und ihre Bewusstwerdung vollständig in ihrer Heimatsphäre absolviert haben, können ein hohes Bewusstsein in sich tragen. Entschließen sich diese Engel, im Universum mitzumischen, fangen sie außerhalb der Engelsphäre auf der leichtesten Ebene an. Verlässt ein Engel die Engelsphäre und begibt sich ins Universum, beginnt sein universaler Bewusstwerdungsprozess. Der eigentliche Prozess unterscheidet sich nur wenig von dem aller anderen Seelen. Die äußeren Gegebenheiten unterscheiden sich allerdings kolossal.

Während sich Engel in der Einheit als absolut vollkommen, göttlich und gleichzeitig als Gottesgedanken erfahren, erlebt der Engel in der Engelsphäre nur latente Widerstände. Diese sind nicht deutlich greifbar für den Engel und müssen erspürt, erfahren und erkannt werden. Der Zugang der Engel zur Einheit ist intensiv, und sie können mehr als alle anderen Wesen die Erinnerung an die Einheit aufrechterhalten. Dies bedeutet, dass Engel durch ihre zurückgebliebenen Seelenanteile die göttliche Liebesenergie in ihrer Sphäre spüren können. Sie können diese Seelenanteile jedoch weder in der Engelsphäre noch im freien Universum nutzen. Der pure göttliche Glückseligkeitsstrom der Liebe ist für sie spürbar, jedoch außerhalb der Einheit nicht greifbar. Diese Glückseligkeit pulsiert zwar weiterhin in allen Seelenanteilen eines Engels, für seine Bewusstwerdung kann er sie allerdings nicht nutzen.

Anders verhält es sich außerhalb der Engelsphäre: Die göttliche Liebe, die innerhalb der Engelsphäre sehr stark präsent ist, fehlt den Engeln im freien

Universum. Die Hürde, im Universum zu arbeiten, besteht für die Engel daher darin, dass sie das Universum als extrem kalt empfinden. Sie müssen sich überwinden, die Engelsphäre zu verlassen. Die Seelenanteile eines Engels außerhalb der Engelsphäre werden von der Schwingung in der Engelsphäre genährt, was ihn daran hindert, sich dem Universum vollkommen hinzugeben. Die Engel fühlen sich außerhalb der Engelsphäre zerrissen, daher wurden im Universum durch die Seraphim Energiefelder geschaffen, die sich an die Energie der Engelsphäre anlehnen.

Engel leiten durch die Seelenanteile, die in der Einheit verhaftet sind, die göttliche Energie in die Engelsphäre, durch sie ins Universum und in alle existierenden Seelensphären. Trotz der klaren Trennung zwischen Einheits- und Universums-Seelenanteilen gibt es keinen wesentlichen Unterschied zwischen der göttlichen Liebe in der einen und in der anderen Welt. Daraus resultiert der Umstand, dass die Engelsphäre vollständig in der zwölften Dimension existiert, obwohl nicht alle Engel das Seraphim-Bewusstsein erreicht haben.

Bewegen sich Engel innerhalb ihrer Sphäre, empfinden sie keinerlei Ich-Bewusstsein, sie empfinden ausschließlich Einssein. Besitzt ein Engel noch nicht das Bewusstsein eines Seraphim und verlässt die Engelsphäre, verflüchtigt sich das Gefühl, sobald er ins freie Universum eintaucht.

Anders als in den Seelensphären ist die Schwingung innerhalb der Engelsphäre gleichbleibend. Ob ein Engel sich in der untersten Ebene aufhält oder in die höchs-

te Bewusstseinsebene eintaucht, in allen Hierarchiestufen der Engelsphäre ist die Schwingung immer und überall gleich bezüglich ihrer intensiven Ausdehnung. Hier existiert das sich stetig erneuernde Alles und Nichts, aus dem die Urenergie ihre Schöpfung entstehen lässt.

In der Einheit gibt es keinerlei Form oder gar Materie, dasselbe gilt für die Engelsphäre. Daraus folgt, dass Engel innerhalb der Engelsphäre gleichfalls ohne Form sind. Die gesamte göttliche Schöpfung besteht aus reiner, purer Energie.

Engel in ihrer Engelsphäre sind diejenigen, die die Urenergie in unserem Universum leben, sofern sie die Engelsphäre nicht verlassen. Innerhalb der Sphäre kann die göttliche Energie durch die Engel vollkommen gehalten werden. Die ekstatischen Liebeswellen, die durch die Verschmelzung der Seelenanteile der Engel mit dem göttlichen Liebesstrom entstehen, sind urgewaltige Schwingungsfelder. Sie werden innerhalb der Engelsphäre in die richtigen Bahnen und anschließend ins Universum gelenkt. Die Engel der Engelsphäre sind gewissermaßen die Versorger für göttliche Energie im Universum. Dieser Vorgang findet in allen neun Engelhierarchien statt. Zudem wird die Liebesschwingung in der Engelsphäre durch die Verschmelzung der einzelnen Engel miteinander erhöht.

Die Bewusstwerdung innerhalb der Engelsphäre geschieht auf vollkommen andere Art als im freien Universum oder in anderen Seelensphären. Aus diesem Grund erhielt diese Sphäre ein anderes Hierarchiesystem. In allen anderen Sphären bestehen alle einzelnen Dimensionen, und die Seelen einer Dimension sind nicht fähig, in die nächste Dimension zu blicken – oder nur in geringem Maße. Die Engelsphäre hingegen besteht aus nur einem großen Energiefeld, in dem alle Engelwesen zusammen sind. Die Schwingung ist daher eine völlig andere als im restlichen Universum.

Das Energiefeld innerhalb der Engelsphäre mag ein anderes sein, jedoch ändert dies nichts daran, dass die Engel wie alle Seelen einen Aufwachprozess absolvieren müssen. Engel durchlaufen ihre sphärische Ausbildung vom untersten Engeldasein bis zum Seraphim. Sie beginnen, sich in der Engelsphäre wahrzunehmen und begegnen einzelnen göttlichen Engel-Ausdrucksformen. Engel tragen in sich ein größeres Potenzial als andere Wesen, sich in ihrer Bewusstwerdung zu erfahren – was nicht bedeutet, dass sie sich nicht ab und an in sich selbst verlieren. Die Tatsache, dass sich Engel, wie in einer gigantischen Wohngemeinschaft, auf allen Bewusstseinsebenen begegnen, bringt nicht nur Vorteile mit sich, sondern kann unter Umständen auch zu Verwirrung führen.

In der Engelsphäre ist alles gleichzeitig und gleichwertig. Ein Engel kann sich in einem anderen Engel wahrnehmen und erkennen, dass die Göttlichkeit in allem existiert. Die Grenzen des individuellen Seins verschwinden in der Engelsphäre in hohem Maße, was das Erfühlen und das Entfalten der persönlichen Fähigkeiten und des spezifischen Charakters erschwert. Selbst wenn Engel keine Ich-Präsenz besitzen, so sind sie dennoch einmalig in ihrem Ausdruck und ihrem Dasein.

Engel fühlen sich innerhalb der Engelsphäre in Gott verhaftet und benötigen viele Abenteuer, damit das Wissen zu ihnen durchdringt, dass sie mit einer Hälfte ihres Seins nicht mehr in der Einheit existieren. Manche Engel erreicht dieses Wissen niemals. Kann ein Engel nicht erfassen, dass er sich nicht mehr in der Einheit befindet, ist es ihm untersagt, die Engelsphäre zu verlassen. Das bedeutet, er wird einzig die Erfahrung der Engelsphäre erleben.

Alle Engel streben aus einem tiefen inneren Bedürfnis heraus geradewegs dahin, Gott in Vollkommenheit zu dienen. Ihr Antrieb, ihr innerer Motor, ist es, eine Entwicklung in den Engelsphären und im Universum zu absolvieren. Weil jegliche negative Energien fehlen, fällt es ihnen schwer, ihre eigene Unzulänglichkeit wahrzunehmen. Durch ihre Verbundenheit mit der Einheit ist es umso schwerer für die Engel, die Notwendigkeit eines Bewusstseinsprozesses überhaupt erst einmal zu erkennen. Nach der Erkenntnis ist die Bedeutung eines Aufwachweges für sie ein loses Ende, das sie zu erfassen versuchen. Hierbei werden sie von Engeln der höheren Hierarchiestufen betreut und angeleitet.

Zusätzlich steht jedem Engel die Begleitung eines Seraphim innerhalb und außerhalb der Engelsphäre zu. Die Seraphim in der Engelsphäre greifen nicht in die Prozesse eines Engels ein, ihnen steht nur die Beobachterposition zu. Sie leiten Informationen an den Engel weiter, der den Bewusstwerdungsprozess des Engels aktiv unterstützt. Ein Engel folgt uneingeschränkt den Anweisungen des Seraphim, hier gibt es keine Diskussion.

Die Seraphim sind die »Gebieter« der Engelsphäre und handeln nach den göttlichen Gesetzen. Kein Engel würde jemals einen Seraphim infrage stellen. Alle Seraphim betreuen Engel, die noch nicht die vollkommene Bewusstheit erreicht haben, bis auf einen – der Seraphim, der der Engelsphäre vorsteht. Anders verhält es sich, wenn Engel die Engelsphäre verlassen. Betreut ein Seraphim einen Engel im Universum, wird er aktiv in dessen Prozesse eingreifen.

Innerhalb der Engelsphäre dauert eine Erhebung des Bewusstseins aufgrund des Fehlens jeglicher negativer Energien länger als im freien Universum. Herausforderungen wie auf der Erde oder im freien Universum gibt es nicht. Was nicht bedeutet, dass ein Engel im Rahmen seiner Bewusstwerdung in der Engelsphäre relaxt in der Hängematte liegt. Seinen Aufwachprozess ausschließlich in der Engelsphäre zu gestalten, birgt eine Hürde, die es zu überwinden gilt: Die Abenteuer, die erlebt werden, unterliegen keiner Polarität. Das eigene Selbst zu erkennen, ist daher wesentlich schwieriger als im freien Universum.

In der Engelsphäre geht es in erster Linie darum, die Liebesströme ins Universum zu leiten und Wege zu finden, die Schwingung des Universums und seiner Bewohner der der Einheit anzugleichen. Eine weitere Aufgabe innerhalb der Engelsphäre ist es, die Engel, die aus dem Universum oder sogar von einer Inkarnation zurückkehren, zu betreuen. Die Engel werden, bevor sie die Engelsphäre wieder betreten, gereinigt und sind dementsprechend »müde« und ausgelaugt. Eine Gruppe von Engeln ist dafür zuständig, diese heimkehrenden Engel zu umsorgen und ihnen die Energie zur Verfügung zu stellen, die eine rasche Erholung ermöglicht.

In der Engelsphäre kommt den Seraphim die Aufgabe zu, den göttlichen Willen in seiner reinsten Liebesschwingung in die unteren bzw. unbewussteren Schwingungsebenen der Engel weiterzuleiten. Gleichzeitig muss darauf geachtet werden, dass keine »Erniedrigung« des göttlich liebenden Willens der Schöpfung erfolgt, sprich, dass der göttliche Wille nicht verfälscht wird.

Die Liebe in der Engelsphäre ist rein, und dennoch ist sie von unserem Universum geprägt, da der Kosmos in der zwölften Dimension zu einem winzigen Teil der Polarität unterliegt. Die Polarität kann keinen direkten Einfluss auf die Engelsphäre nehmen, was jedoch nicht bedeutet, dass sie gar keinen Einfluss besitzt. Die Engel können die Polarität durch die Membran der Engelsphäre wahrnehmen, jedoch berührt sie sie nicht.

Trotzdem übt allein die Wahrnehmung der Polaritätsenergie einen gewissen indirekten Einfluss auf die Handlungen der Engel aus, sofern sie kein Seraphim-Bewusstsein aufweisen. Nicht unmittelbar mit der Polarität konfrontiert zu sein, ist auf der einen Seite beruhigend, doch sie indirekt zu spüren, birgt eine Herausforderung, die die Engel erst einmal meistern müssen. Etwas zu fühlen und zu wandeln, ohne es erfassen zu können, ist wohl eine der schwierigsten Aufgaben innerhalb der Engelsphäre.

Die Erhabenheit der göttlichen Liebe bleibt demnach in der Engelsphäre bestehen. Doch die Weisheit, wie die göttliche Liebe in Handlung umgesetzt werden sollte, verändert sich. Ist ein Engel vollkommen entfaltet, also ein Seraphim, so ist dieses Hindernis überwunden. Seraphim handeln innerhalb der Engelsphäre in der absoluten göttlichen Klarheit. Durch ihre Anwesenheit berühren und fördern die Seraphim die Entwicklung aller anderen Engel. Eine aktive Handlung ist meist nicht nötig, da der Engel in direktem Kontakt zu höheren Hierarchien steht. Sie entfachen in den Engeln die hingebungsvolle Liebe zu Gott und den Drang, sich durch Handlung immer weiter in ihrer eigenen Göttlichkeit zu erfahren. Dies wiederholt sich unendliche Male, bis die Engelseele den Zustand eines Seraphim erreicht hat. Auf diese Weise wird eine gleichbleibende Schwingung in der gesamten Engelsphäre gewährleistet.

In keiner anderen Sphäre als der Engelsphäre werden Aufgaben in einer solchen Bandbreite vergeben. In der Engelsphäre und in unserem Universum sind Engel gleichermaßen in wirklich allen Arbeitsbereichen unterwegs. Es gibt nichts, wobei nicht mindestens ein Engel aktiv beteiligt ist. Anders als in den übrigen Sphären gibt es bei den Engeln keine herausragende Fähigkeit, die einen Engel zum Engel werden lässt. Einzig die nicht vorhandenen Seelenanteile lassen eine Seele zum Engel werden. Innerhalb der Einheit gibt es weder Seelensphären noch Abstufungen innerhalb des Bewusstseins.

In jeder Dimension, in jeder Sphäre, in jedem Projekt gibt es einen eigenen kosmischen Rat. So auch in der Engelsphäre. Dem Rat angehörig sind die letzten drei Hierarchieebenen der Engelsphäre. Seraphim, Cherubim und Elohim entscheiden, wie der göttliche Wille in der Engelsphäre umgesetzt wird. Den Vorsitz hat zurzeit Seraphim Ampheniel. Seraphim Michael hat innerhalb der Engelsphäre wenig Mitspracherecht, seine Aufgabe liegt außerhalb der Sphäre und beinhaltet das Universum im Allgemeinen sowie Luzifer im Besonderen. Im kosmischen Rat der Engel werden zudem alle Belange der Engel erörtert. Jede Inkarnation, jeder Aufstiegsprozess, jede Aufgabe und jeder Auftrag, den ein Engel erhält, innerhalb oder außerhalb der Engelsphäre, muss vom kosmischen Rat genehmigt werden.

Zusätzlich zum kosmischen Rat der Engel gibt es Vereinigungen der Seraphim. In ihnen sind einzig die Seraphim vertreten. Sie erörtern getrennt vom Rat der Engelsphäre die Spezialaufträge der Seraphim. Zudem wird im Rat der Seraphim festgelegt, welcher Seraphim die Einhaltung der göttlichen Gesetze überwacht. Besonders die Engel dürfen nicht gegen den göttlichen

Willen handeln, was beispielsweise bei einer Inkarnation in Bezug auf ein Projekt wie die Erde besondere Herausforderungen mit sich bringt.

Ein Engel, der die Engelsphäre verlässt, lässt einen Teil seines Bewusstseins darin zurück. Ebenso ist er schlagartig nicht mehr in den Kokon der Engelsphären-Energie eingehüllt. Das bedeutet, die schützende Ummantelung der reinen Liebe muss er beim Verlassen der Sphäre zurücklassen. Das verwirrt einen Engel, besonders beim ersten Mal. Für ihn eröffnen sich eine komplett andere Energie und ein anderes Daseinsniveau.

Vielen Engeln fehlt beim Betreten des Universums das Verständnis für den Kosmos vollkommen, was bei manchen Engeln zum Verlust der Freude am Abenteuer führen kann. Nach mehrmaliger Reise ins Universum verliert sich dieser Zustand etwas, jedoch nicht vollkommen.

Kehrt ein Engel in die Engelsphäre zurück, wird er von allen universalen Erinnerungen gereinigt. Nur die Essenz des Bewusstseinsschubes wird beibehalten. Wie ein Prozess im Universum vonstattenging, weiß ein Engel, der in die Engelsphäre zurückgekehrt ist, nicht mehr.

In sie dürfen keine universalen Energien einfließen. Das ist einer der Gründe, warum es keinen anderen Seelen außer den Engeln erlaubt ist, in die Engelsphäre einzutauchen.

Jeder Engel, der die Engelsphäre verlässt, muss, bevor er dies geschehen lässt, die Erlaubnis des Engelsphären-Rates einholen. Zudem benötigt er die Erlaubnis des Seraphim-Rates. Ohne die Einwilligung beider Instanzen darf und kann ein Engel seine Heimatsphäre nicht verlassen. Wird einem Engel der Eintritt ins Universum verwehrt, muss er in der Engelsphäre verweilen, bis er die Einwilligung erhält.

Das Wesen der Engel

Meine Ambition, dieses Buch zu schreiben, lag darin, die Art und Weise der Engel und der Seraphim aus einer anderen Perspektive zu beleuchten. Das Wesen der Engel ist so vielfältig wie Eiskristalle am Nordpol. Im Gegensatz zu den Wesen, die sich in einer Seelensphäre zusammengefunden haben, bilden die Engel keinen gemeinsamen Grundton. Ihre Zusammengehörigkeit resultiert aus dem Umstand, dass sie nur zu 50 Prozent in diesem unserem Universum existieren. Die andere Hälfte verweilt weiterhin in der Einheit. Das ist jedoch nur ein Aspekt. Denn alle Engel wurden aus einem spezifischen Energiefeld in der Einheit erschaffen. Das erklärt auch, warum Engel nicht zur Gänze in ein Universum eintauchen können und dennoch eine Art »Grundton« in sich tragen.

Wenn man es genau betrachtet, ist es unmöglich, eine Seele allumfassend zu beschreiben. Ganz gleich, ob es sich um eine Tierseele, eine Pflanzenseele, eine Drachenseele, die Nebelseele oder die Seele eines Licht- oder Engelwesens handelt: Immer wieder zeigen sich Aspekte, die vorher nicht ersichtlich waren oder sich erst durch verschiedene Lernschritte offenbaren. Dies ist allen Seelen der göttlichen Schöpfung gemein, die Engel bilden hier keine Ausnahme.

Dennoch gibt es Aspekte der Engel, die ihrer Essenz innewohnen und die sie nicht einfach abstreifen können, gleich, wie und wo sie sich aufhalten. Die Engel in unserem Universum sind in vielerlei Hinsicht anders als alle anderen Seelen im Universum. Durch den »Fall« Luzifers erhalten sie eine besondere Bedeutung, denn zwischen Luzifer und Zadkiel spannt sich der gesamte Kosmos. In ihrem Spannungsfeld spielt sich demnach die Bewusstwerdung einer jeden Seele ab, an ihnen kommt keine Seele vorbei. Das hat Auswirkungen auf die Schöpfung und prägt den Rhythmus des Universums. Und es hat immense Auswirkungen auf die Engel selbst, die unfreiwillig in den Fokus gerückt wurden. Mehr noch auf Seraphim Michael, der als Hauptverantwortlicher für jegliche Prozesse im Universum auserwählt wurde und mit seiner Handlung an Luzifer und Zadkiel die Energie herbeiführte, in der wir heute leben: die Energie der Illusion. Es ist eine Energie der Schuld, die auf der Erde immer wieder den Engeln zugeschrieben wird.

Als Engel der Klarheit bildet Seraphim Michael den polaren Punkt, nach dem sich alle Seelen richten, die auf dem Weg in die zwölfte Dimension sind. Unbestritten ist Seraphim Michael derjenige, der das Universum lenkt und führt, jedoch bedeutet dies nicht, dass er alles allein managt. Michael stehen weitere Seraphim zur Seite, und auch die Avatare arbeiten eng mit ihm zusammen. Letzlich jedoch muss Seraphim Michael die geballte Verantwortung tragen. Ihm wohnt die größte Macht im Universum inne. Entsprechend ist seine Natur. Michael ist riesig in seiner Ausdehnung im Universum, und kein anderes Wesen besitzt dieselbe Anzahl an kosmischen Erfahrungen. Er ist ein erhabener Engel, der keine Gnade kennt, solltest du gegen die Göttlichkeit handeln. Er kann liebevoll sein, doch sollte man nie vergessen, dass er ein Krieger ist. Er ist bereit, jeden zu unterstützen, solange man ihm nicht in die Quere kommt oder seinen Anordnungen zuwiderhandelt. Er ist kein herziger Engel, den man mal eben zu sich zitieren kann, damit er einen Auftrag erfüllt. Bist du jedoch in Not, wird er sein Team zu dir senden oder sogar selbst kommen, um dich zu unterstützen. Unterschätze niemals die Macht und Kraft dieses Seraphim. Michael ist so mächtig, dass jede Seele in unserem Universum ehrfürchtig seinen Namen ausspricht.

Engel erscheinen manchmal emotions- oder gefühllos. Das wirkt jedoch nur aus menschlicher Sicht so. Die meisten Menschen verstehen nicht, dass sie die Engel nicht mit irdischen Augen betrachten können. Engel, die aus der feinstofflichen Ebene zu uns kommen, mit uns in Kontakt stehen, befinden sich NICHT im irdischen Matrixfeld. Sie handeln und denken entsprechend den kosmischen Gesetzen und im Sinne der Göttlichkeit.

Ein Engel ist nicht fähig, übermäßige Freude zu empfinden, er ist die Freude. Ein Engel kann keine Liebe fühlen, er ist die Liebe. Er kennt keinen Schmerz. Genauso wenig kann er andere Gefühle und Emotionen wie Wut, Neid, Hass, Angst oder Mangel wahrnehmen oder sie verstehen. Dennoch sind Engel nicht gefühlskalt oder emotionslos. Sie sind schlicht Liebe, und in der Liebe ist nur enthalten, was lichtvoll ist. Engel sind nicht fähig, negative Emotionen in sich entstehen zu lassen oder sie zu leben. Einzig die »gefallenen Engel« auf Luzifers Seite empfinden Schmerz. Allerdings nur den eigenen und nicht den von anderen Seelen.

Die Engel sind zwar ohne die menschliche Gefühlswelt, jedoch empfinden sie tiefe Liebe. Sie offenbart sich in ihren Handlungen. Engel dienen mit voller Hingabe der gesamten Schöpfung. Wir Menschen nehmen ihre Essenz wahr und dichten ihnen eine Gefühlswelt an, die sie nicht besitzen. Andererseits erscheinen uns Handlungen der Engel manchmal streng oder nicht liebevoll genug. Dabei sollten wir nicht vergessen, dass die Engel nicht darauf ausgerichtet sind, einem Menschen zu gefallen oder es ihm recht zu machen. Das Wesen der Engel hat nur ein Ziel: Gott zu dienen.

Ein Engel kann und wird keine Rücksicht auf Befindlichkeiten einer Seele nehmen. Seine Handlungen dienen der Entfaltung der göttlichen Seele eines Wesens. Er wird keine Gnade walten lassen, sofern nicht die Absicht sichtbar ist, einen Bewusstwerdungsweg zu beschreiten. Die Engel selbst sind sehr bestrebt und konsequent darin, ihre Bewusstwerdung zu vollbringen.

Ein gemeinsamer Wesenszug der Engel ist eben diese Konsequenz in ihren Handlungen, die sie jedoch vorwiegend in der Engelsphäre leben. Hier nehmen sich die Engel wahr und sind fähig, all ihr Sein zu erfassen. Außerhalb der Sphäre fällt ihnen das schwerer. Ihre Konsequenz lässt sie innerhalb der Engelsphäre meist alles um sie herum vergessen. Ihr Fokus liegt auf der Erfüllung der nächsten Aufgabe, ihrem nächsten Schritt in Richtung vollkommener Entfaltung in der Göttlichkeit. Nichts kann einen Engel davon abhalten, sich seiner Aufgabe zu 100 Prozent zu widmen.

Die Innenwelt eines Engels ist nicht mit der menschlichen Gefühlswelt vergleichbar. Seine Handlungsweise entspricht seinem Wesen. Das bedeutet, dass ein Engel wie Seraphim Michael in ein und derselben Situation anders handelt als beispielsweise Seraphim Gabriel. Die Engel bewerten weder ihre Handlungen noch andere Seelen. Allerdings fördern sie keine Seelen, die sich gegen ihre Göttlichkeit entscheiden und damit dem Universum schaden. Sie trennen sich von diesen Seelen und lassen sie ohne Schutz ihren Weg beschreiten. Selbst wenn sie in weiser Voraussicht wissen, dass das Wesen Schmerz erfahren wird, werden sie nicht eingreifen. Engeln macht es nichts aus, zu sehen, wie ein Wesen in den Abgrund stürzt. Sie respektieren den freien Willen und handeln ihm entsprechend. Sie kennen kein Mitgefühl. Nicht aus Mangel an Empathie, sondern, weil Mitgefühl nicht der Liebe entspricht.

Besteht ihr Auftrag darin, eine Seele bei einer Inkarnation zu begleiten, so werden sie die Seele nur dann unterstützen, wenn sie einen entsprechenden Impuls in sich wahrnehmen. Sind sie der Meinung, das Wesen dient stärker der negativen Seite als dem Licht, ziehen sie sich zurück. Ihre Konsequenz geht so weit, dass sie beispielsweise die Inkarnation eines Menschen vorzeitig beenden würden. Ihr Blick ist auf die Ausbreitung des göttlichen Willens gerichtet und nicht auf die Zufriedenstellung einzelner Individuen. Ihr Wesen ist nicht kalt, sondern klar. Sie können die Spiele des Universums zumeist nicht verstehen. Da Engel keine Emotionen und Gefühle in sich tragen, können sie auch nicht danach handeln.

Engel der obersten Hierarchie besitzen zudem keinen Bezug zu jedweder Manipulationsenergie. Sie werden dementsprechend weder sich selbst noch andere beeinflussen. Da besonders der Mensch dieses Spiel in großem Stil betreibt, wenden sich die Seraphim sehr oft ab. Sie lassen nicht zu, dass ein Wesen versucht, sie zu manipulieren. Sie lassen sich auch nicht als Ausrede benutzen, stattdessen senden sie die Energie zum Sender zurück. Sie tun dies nicht aus Rache, sondern, weil sie die Energie nicht wandeln können. Sollte eine Seele oder eine gesamte Nation – so geschehen in Atlantis – nicht dem Licht dienen, werden die Engel alles zerstören, was sich in unmittelbarer Nähe befindet. Selbst wenn ein lichtvolles Wesen anwesend wäre, müsste es die Konsequenz mittragen. Das gilt jedoch nur für Wesen, die nicht Luzifers Seite angehören. Mit Wesen aus dem Reich Luzifers wird anders verfahren.

Was ich hier aufzeigen will, ist: Engel sind nicht die überheiligen immer liebe- und verständnisvollen Seelen, als die sie dargestellt werden. Nicht, weil sie nicht liebevoll sind, sondern, weil sie ein anderes Verständnis davon in sich tragen. Alle Engel besitzen einen ausgesprochen starken Charakter und werden sich nicht vom Spiel der Illusion beeindrucken lassen.

Das Wesen der Engel offenbart jedoch noch eine andere Seite: die Hingabe an das Universum und die darin enthaltene Schöpfung. Ist eine Seele bereit, den Weg zu ihrer Göttlichkeit zu beschreiten, wird ein Engel alles in seiner Macht Stehende geschehen lassen, um sie zu unterstützen. Engel geben sich einem Wesen vollkommen hin, hüllen es ein und tragen es, sollte es die Situation erfordern. Engel haben keine »Lieblinge«, es kommt ihnen ausschließlich auf die Absicht und den Willen der Seele an.

Engel sind aufgrund ihrer Klarheit fähig, eine Seele zu durchleuchten und jegliche Absichten vorauszusehen. Erkennen sie die Absicht der Liebe, handeln sie entsprechend. Das bedeutet nicht, dass sie dich besonders gern haben. Engel sind nicht fähig, Liebe in Grade einzuteilen. Es ist unmöglich, dass ein Engel dich nur zu 50 Prozent oder 70 Prozent liebt. Engel können und werden immer nur zu 100 Prozent lieben. Und zwar alles. Daraus folgt, dass sie allen Seelen die gleiche Hingabe und Unterstützung zukommen lassen.

Engel sind hervorragende Lehrer und ganz versessen darauf, einem Wesen Unterstützung zukommen zu lassen. Hierin sehen sie ihre wahrhaftige Bestimmung: zu lehren, wie wundervoll Gott in seiner Vielfältigkeit ist. Die Engel wissen, dass sie Großartiges bei allen Seelen bewirken können, was dem gesamten Universum dient, und es erfüllt sie mit purer Liebe, dieser Aufgabe nachzugehen.

Engel können nicht anders, als zu dienen. Das ist es, was sie benötigen, um ihrem Sein einen Sinn zu verleihen. Durch ihre Andersartigkeit empfinden Engel die unterschiedlichen Frequenzen im Universum als Disharmonie zu sich selbst. Diesen Umstand wollen sie mit all ihrer Macht ausgleichen. Sie spüren die immense Macht des göttlichen Stroms, der sie magisch in ihren Bann zieht. Sie entfachen den Drang zur Entfaltung und Bewusstwerdung in allen Wesen. Ihre Liebe und ihre Hingabe an Gott beflügeln alle Wesen im Universum dazu, das Unvorstellbare zu erreichen: die vollkommene Auflösung der eigenen Seele im Meer der unendlichen Schöpfung. Eins zu werden mit allem, was ist. Reine Liebe zu werden. Zu erkennen, dass nichts, was existiert, wertvoller ist als die Weisheit.

Engel im Universum

Ein winzig kleiner, unendlicher Raum in einer gigantischen, ewigen Einheit – das ist das Universum, das kleinste Sandkorn im unendlichen Ozean der Liebe. Alle Aspekte Gottes, die bei der Entstehung des Universums anwesend waren, liegen jetzt außerhalb der Einheit und innerhalb unseres abenteuerlustigen Universums. Das Universum hat sich nach dem Chaos geordnet und folgt einem eigenen Rhythmus, der von der Polarität bestimmt wird. Seelen erlangen Erleuchtung und verfallen der Illusion: ein Auf und Ab im Meer der göttlichen Schöpfung.

Wir sind eins und dennoch getrennt, separiert durch die unterschiedlichen Dimensionen, durch Energiefelder, die ich »Seelensphären« nenne. Aber es ist ein Spiel, an dem alle gleichberechtigt teilhaben und in dem alle miteinander verwoben sind bis auf zwei Seelensphären, die vom restlichen Universum abgeschirmt sind: die Engelsphäre und die Sphäre von Luzifer, die die Polarität verkörpern.

Alle Wesen, die in unserem Universum zugegen sind, erfahren zum ersten Mal die Polaritätsenergie. Jede einzelne Seele wurde durch diese Energie vor immense Herausforderungen bei der Bewältigung des eigenen und des universellen Chaos gestellt, gleich, ob es sich um ein Feuerwesen, einen Drachen, ein Einhorn, einen Engel, ein Lichtwesen, Sternen-/Planetenwesen oder eine Baumseele handelt. Die gesamte Schöpfung in unserem Universum muss das Polaritätsabenteuer in seiner vollständigen Bedeutung erleben und erkennen. Durch den gewaltigen Prozess der Bewusstseinsentfaltung durchlaufen wir gemeinsam die Dimensionen unseres Universums. Bis auf die Engel in der Engelsphäre gibt es da keine Ausnahme.

Alle Engel werden in der Engelsphäre sowie im kosmischen Universum allzeit Gott als Zentrum wahrnehmen und zu jeder Zeit bestrebt sein, sich in Gott zu spiegeln. Doch Engel leben die Macht der Göttlichkeit auch außerhalb der Engelsphäre. Beschließen Engel, im Universum zu wirken, können sie in jeder Dimension den göttlichen Kern der Engelsphäre vollumfänglich wahrnehmen, was nicht bedeutet, dass sie sich dessen fortwährend bewusst sind. Ob ein Engel in den unteren Sphären fähig ist, seinem inneren göttlichen Kern Ausdruck zu verleihen und ihn zu leben, ist nicht immer klar. Hierbei kommt es auf die Bewusstheit des Engels an. Kann er sein Bewusstsein behalten, beispielsweise in den höheren Dimensionen, und darf er seine Talente nutzen, wird es ihm leichter fallen, den Disharmonien im Universum zu trotzen. Muss er einen Teil seines Seins zurücklassen, beispielsweise in der dritten Dimension, wird ihm die Hürde wohl höher erscheinen, als sie es tatsächlich ist.

Was einem Engel im Gegensatz zur restlichen Schöpfung im Universum immer bleibt, ist seine Liebesfähigkeit. Der Engel selbst wird sich als vollkommenes Wesen erfahren, frei von Egoismus, sich selbst als Aspekt des Göttlichen wahrnehmen und sein Gegenüber gleichzeitig als Aspekt der Göttlichkeit und seiner selbst betrachten. Das ist für uns eine tief greifende Erfahrung und die größte Hürde, die wir in unserem Universum erleben dürfen. Es ist das grundlegende göttliche Gesetz der Schöpfung und hat im gesamten Universum Bestand: Ich erkenne mich in dir.

Diese Hürde gilt es für alle Wesenheiten, zu ergründen und zu überwinden, Engel eingeschlossen – mit oder ohne vollkommener Liebesfähigkeit. Was nutzt einem Engel die Liebesfähigkeit, wenn er nicht weiß, was die Liebe IST oder wie er sie ausdrücken soll?

Engel, die in der Engelsphäre bleiben, erfahren diese Entfaltung nur am Rande. Verlässt ein Engel die Engelsphäre, unterliegt er den allgemeingültigen, kosmisch-universalen Gesetzen. Dies ist ein Grund dafür, dass so mancher Engel in der Engelsphäre seine Erfüllung findet und keine Ambitionen zeigt, auch nur seine Zehenspitze ins Universum zu tauchen. Gleichwohl gab und gibt es immer noch abenteuerlustige Engel, die das Wagnis eingehen, dem Universum einen Besuch abzustatten.

Ganz besonders Mutige treffen die kühne Entscheidung, sich einzubringen und Aufträge im Universum anzunehmen. Sie sind fest entschlossen, dem Universum mit all ihrer Liebe zu dienen. Die Vorstellung, sie könnten scheitern, gibt es in ihnen nicht.

Im Vergleich zu den übrigen Seelensphären ist es für einen Engel wesentlich schwieriger, die eigene Sphäre zu verlassen. Der Grund ist, dass die Engelsphäre nur in der zwölften Dimension existiert. Ist ein Engel noch nicht vollkommen erwacht, ist für ihn das Eintauchen ins Universum nicht möglich. Er kann nicht selbstständig durch die Energie der zwölften Dimension hindurchtauchen.

Mit der Zeit wurden Wege aus der Engelsphäre ins Universum gefunden, die es im Besonderen den Engeln aus den unteren Hierarchiestufen ermöglichten, sich frei im Kosmos der unteren Dimensionen zu bewegen. Die Seraphim erschufen zu diesem Zweck Energiekanäle, durch die die Engel ins Universum abtauchen. Dieser Weg ermöglicht es ihnen, die hohen Dimensionen zu durchqueren, ohne Schaden zu nehmen, und ihre Arbeit in der für sie richtigen Dimension zu beginnen. Nach und nach waren ganze Engelheerscharen aller Bewusstseinsstufen voller Vorfreude, dass es für sie möglich war, die Engelsphäre zu verlassen. Ihre Hingabe an jedes einzelne Wesen bewirkte, dass sie ihre Scheu vor der Polaritätsenergie überwanden. Hierdurch entstand innerhalb der Engelsphäre eine unbeschreiblich faszinierende Eigendynamik, die für einen Bewusstseinsschub in den unteren Engelhierarchien sorgte. Obwohl keine universale Energie in die Engelsphäre eindringen kann, sind die Engel, die die Engelsphäre verlassen, durch den Chakrastrahl mit ihrem inneren Kern in der Engelsphäre verbunden. Ist die Energie freudig und voller Liebe, so hat das Auswirkungen auf die gesamte Engelsphäre. Negative Energie kann nicht in die Seelensphäre fließen, sie wird durch den Geburtsengel zum Engel zurückgeleitet.

Zu Anfang fiel es Engeln der oberen Hierarchie schwer, in die unteren Dimensionen des Universums abzutauchen. Durch stetiges Ausprobieren fanden sich Wege, die es den Engeln jedes Bewusstseins erlaubten, immer intensivere Aufgaben zu übernehmen. Bald mischten die Engel in allen Bereichen mit, und die neue Ordnung fing an, sich positiv auf die Bewusstwerdung auszuwirken.

Die Engel begannen, das Universum und ihre Aufträge zu lieben, und nahmen ihre Aufgaben an. Fortan wandelten sich die Abläufe im Universum, und der Kosmos wurde vollständiger. Die Engel fügten einen liebevollen Aspekt der Göttlichkeit in das Gesamtbild des Universums ein und stellten diesen allen Wesen zur Verfügung. Ein neuer Abschnitt in der universellen Bewusstwerdung begann.

Mit dem Schritt der Engel aus der Engelsphäre hinaus ins Universum nahmen die Engel zu Beginn unseres Universums keine Materie an. Sie offenbarten sich in der reinen Form von Spirit, Geist. Die unteren Engelstufen erkannte man an dem schwachen Licht, das sie ausstrahlten. Materie anzunehmen, war nicht einmal ansatzweise im Bewusstsein eines Engels. Außerdem übernahmen oder erhielten die Engel keine Aufgaben, für die die Materialisierung erforderlich gewesen wäre. Sie stellten sich allen negativen Energien in den Weg und errichteten eine Barriere, die die Negativströme zum Empfänger zurückleitete. Allerdings merkten sie schnell, dass diese Methode nicht effektiv genug und daher keine Lösung war. Mit der Zeit lernten die Engel, besser mit der Negativenergie umzugehen und sie einzudämmen.

Michael war der einzige Engel, der von Anbeginn aus der Engelsphäre ins Universum eintauchte und überall aktiv agierte. Der Vollständigkeit halber muss erwähnt werden, dass dies auch auf Luzifer und sein Gefolge zutrifft. Bald wurde ersichtlich, dass Michael die Aufgaben, die sich ihm stellten, nicht allein bewältigen konnte. Die Wesenheiten im Universum schlossen sich zu Verbänden zusammen (beispielsweise zu Seelenfamilien), um spezifische Aufgaben zu übernehmen. Dennoch verließen am Anfang zu wenige Engel ihre Sphäre. Es waren Engelenergien vorhanden, jedoch konnte immer noch nicht jeder Bereich abgedeckt werden. Der Ruf der Seelen nach mehr Engelenergie wurde energischer, und Michael tat sein Bestes, die Engel in der Engelsphäre auf das Verlassen der Sphäre und den Einzug ins Universum vorzubereiten. Anfänglich verließen zwölf Seraphim die Engelsphäre, je ein Seraphim für jede Dimension:

- 1. Dimension – Zadkiel
- 2. Dimension – Michael
- 3. Dimension – Nathaniel
- 4. Dimension – Haniel
- 5. Dimension – Raphael
- 6. Dimension – Gabriel
- 7. Dimension – Bariel
- 8. Dimension – Uriel
- 9. Dimension – Muriel
- 10. Dimension – Ariel
- 11. Dimension – Jophiel
- 12. Dimension – Chamuel

Die zwölf Seraphim postierten ihre Energie an den Übergängen zur nächsten Dimension und überwachten den Aufstiegsprozess der Seelen. Sie fingen an, kleine Handlungen zu vollziehen, und bald wurde ersichtlich, dass es mehr Engel brauchte, um den Ansturm der Seelen bewältigen zu können. Zumal die Engel reichlich mit sich selbst zu tun hatten, denn sie wurden mit zahlreichen Emotionen konfrontiert, die ihnen gänzlich unbekannt waren. Energien wie Wut, Neid oder Mangelgefühl plagen im Kosmos einen Engel ebenso wie alle anderen Wesen im Universum. Nur waren die Engel damit mehr als alle anderen überfordert und wussten nicht, wie sie damit umgehen sollten.

Die zwölf Seraphim benötigten weitere Unterstützung aus den eigenen Reihen, und so wagten immer mehr Engel den Schritt ins Universum. Sie teilten sich auf und übernahmen zahlreiche verschiedene Aufgaben. Hierdurch wurden die Engel immer stärker ins polare Energiefeld eingebunden. Die Engel konnten ihre hohe Schwingung nicht in allen Dimensionen und Sphären aufrechterhalten und mussten einen Teil ihres Bewusstseins im Chakrastrahl zurücklassen. Die fatalen Folgen zeigten sich auf dramatische Weise: Die Engel verloren durch die Herabsenkung ihrer Schwingung ihren »Rundumblick«. Sie begannen, Situationen stärker aus einer einzelnen Perspektive zu betrachten und konnten nicht länger allumfassend handeln.

Damit der Rundumblick gewahrt werden konnte, arbeiteten immer mehr Engel an einem Projekt. Eine Ausnahme bilden die Seraphim, die ihr Bewusstsein, obwohl sie ihre Schwingung reduzierten, stets behielten.

Ein Universum ohne die Energie der Engel ist mittlerweile unvorstellbar. Sie arbeiten an allen Projekten im Universum begeistert mit und erzeugen mit ihrem Anderssein selbstverständlich mitunter so einiges Chaos. Nicht selten vollzieht ein Projekt durch ihre Einmischung eine vollständige Kehrtwende oder endet in einer kleinen Katastrophe, was jedoch immer mit Humor genommen wird.

Als die Engel beschlossen, im Universum mitzuwirken, hielt eine Energie Einzug, die das gesamte Universum liebevoll durcheinanderwirbelte. Die Engel jeglicher Bewusstseinsstufe übernahmen entscheidende universelle Aufgaben und brachten sich und ihre Energie auf hingebungsvolle Art und Weise ein. Die Handlungsweise der Engel im Universum wurde zum Vorbild für die Bewusstseinsentfaltung aller Wesen. Wir lernen alle voneinander. Einheit bedeutet: alle Wesen gemeinsam. Die Weisheit der Engel ist ein unerlässlicher Bestandteil der universellen Erleuchtung geworden. Engel »funktionieren« anders, und ihre Sichtweise vervollständigt die Perspektive aller Wesen in unserem Universum.

Jedes Wesen im Universum wird von einem Engel begleitet. Die Schutzengel übernehmen wichtige Funktionen bei allen Inkarnationen. Zudem begleiten sie sphärisch »ihren« Schützling in alle Dimensionen und stehen ihm mit Rat und Tat liebevoll zur Seite. In den höheren Dimensionen übernehmen die Engel mit einem höheren Bewusstsein die Begleitung. Die Funktion des Schutzengels wird erweitert, und die Aufgaben werden tiefgründiger. Natürlich öffnen hierdurch die Schutzengel gleichermaßen ihren eigenen Horizont.

Übernehmen Engel die Aufgabe eines Schutzengels, unterstehen sie einem ihnen zugeteilten Erzengel oder in den höheren Dimensionen einem nächsthöheren Engel. Den meisten Wesen im Kosmos steht neben einem Schutzengel zusätzlich ein Engel als geistiger Begleiter zur Verfügung. Einige Wesen erhielten einen Engel als kosmischen Vater oder kosmische Mutter. Manchmal sind sogar Mutter und Vater aus der Engelsphäre, wobei es sich hierbei mehr um eine Patenschaft als eine Elternschaft handelt. Zudem darf jedes Wesen jederzeit einen Engel zu sich rufen und ihn um Unterstützung oder Beistand bitten. Ruft ein Wesen einen Engel, wird dieser immer augenblicklich an seiner Seite erscheinen und sich gegebenenfalls um Klärung der Situation bemühen oder ihm direkte Hilfe zukommen lassen!

Überall im Universum wurden Engelenergiefelder erschaffen, die vorwiegend von den Engeln genutzt werden, jedoch grundsätzlich allen Wesen, die im Universum arbeiten, zur Verfügung stehen. Selbstverständlich können auch auf der Erde inkarnierte Wesen, die ihr Bewusstsein entfaltet haben, diese Energieportale nutzen. In den Engelenergiefeldern wird die kosmische, universelle Engelweisheit von verschiedenen Engeln gelehrt. Sie dient gleichzeitig zur Reinigung oder Erholung sowie Energiegewinnung oder als Schutz.

INFO: SPHÄRISCHER SCHUTZENGEL

> Jedes Wesen, das auf die Erde inkarniert, hat einen persönlichen Schutzengel. Babys werden von 21 Schutzengeln auf die Erde begleitet. Diese Zahl verringert sich ab dem zweiten und ab dem siebten Lebensjahr auf sieben und später auf drei Schutzengel. Je größer der Auftrag einer inkarnierten Seele ist, desto mehr Engel bleiben an seiner Seite. Dies hat jedoch nichts mit dem Bewusstseinsgrad eines Wesens zu tun!

Wenn wir älter werden, sind es zumeist drei Schutzengel, die uns auf unserem irdischen Weg zur Seite stehen. Ein Schutzengel ist unser Hauptschutzengel, der uns über mehrere Lernprozesse hinweg (beispielsweise Inkarnationen) begleitet. Dieser Schutzengel wird als dein persönlicher Schutzengel angesehen. Er ist dafür verantwortlich, dass dir Situationen begegnen, die deine Bewusstseinsentfaltung und dein spirituelles Wachstum fördern.

Bevor du inkarnierst, besprichst du mit deinem persönlichen Schutzengel und mit deinen drei Geistbegleitern alles, was du während deiner Inkarnation erleben und erlernen willst. Mache dir bewusst, dass du alles, was du in deiner Inkarnation erlebst, selbst ausgesucht hast. Du darfst die Verantwortung für dein Leben übernehmen.

Eine Inkarnation auf der Erde bedeutet für alle Beteiligten einen gigantischen logistischen Aufwand, und die Chance, die sie bietet, solltest auch du nutzen. Es sind jede Menge Seelen an deiner Seite, die dir die Erfüllung deiner Lebensaufgabe ermöglichen.

Die Engel aus den verschiedenen Hierarchien übernehmen im Universum vielfältige Aufgaben, die Funktion des Schutzengels ist nur eine davon. Weitere Aufgaben sind die Betreuung als kosmische Eltern, sphärische Begleiter, Begleiter einer Seelensphäre, Vorsteher einer Seelenfamilie, Projektleiter, Heiler und noch vieles mehr. Natürlich betreuen die Engel ebenso Sternen- wie Sonnen- oder Planetenwesen. Eine überaus wichtige Rolle spielen die Engel bei der »Bekämpfung« von Luzifer und seinen Machenschaften. Die Kontrolle seiner Sphäre gehört ebenso dazu wie Hilfe für Seelen, die seine Sphäre verlassen wollen. Die Aufgaben sind breit gefächert, und für jeden

Engel ist das passende Arbeitsfeld vorhanden. In fast allen kosmischen Räten sind Engel jeglicher Bewusstseinsstufe zugegen, wenn auch ab und an nur als Beobachter.

Eine bedeutungsvolle Aufgabe der Seraphim ist die Prüfung der einzelnen Seelen beim Übergang in eine höhere Bewusstseinsstufe. Seraphim stehen an den Toren aller Dimensionen und Ebenen, und kein Wesen kann diese Tore durchschreiten, bevor der Seraphim nicht sein Herz durchleuchtet hat. Seraphim haben zudem die Aufgabe, jeden Bewusstwerdungsprozess aus dem sphärischen Energiefeld zu fördern. Und dies nach Möglichkeit, ohne dass die zu fördernde Seele dies bemerkt. Auch stehen die Seraphim jeder Seelensphäre als geistige Begleiter zur Seite. Sie arbeiten mit allen bekannten und unbekannten Seelensphären zusammen. Mittlerweile findet kein Projekt mehr, gleich welcher Art, ohne die Seraphim statt. Die Aufgabe des Geburtsengels erfüllen die Seraphim besonders gern. Die Engel und im Besonderen die Seraphim halten mit ihrer Liebe gemeinsam mit den Avataren die hohe Schwingung im Universum aufrecht. Das Projekt Erde liegt besonders den Seraphim Michael, Jophiel, Chamuel, Gabriel, Raphael, Uriel, Zadkiel, Metatron, Sandalphon, Nathaniel und Haniel am Herzen. Also den Seraphim, die die Seelensphären begleiten, wobei Uriel ausgesucht wurde, das Projekt Erde zu begleiten.

Die Seraphim übernahmen ab dem Zeitpunkt ihrer Präsenz im Universum Verantwortung für die Entwicklung im allumfassenden Universum. Natürlich obliegt die Verantwortung allen Wesen, und dennoch trägt gerade Michael einen großen Teil der Pflicht, unser Universum wieder der Einheit zuzuführen. Die denkwürdigste Mission der Engel in unserem Universum ist, göttlichen Frieden und Harmonie zu schaffen. Dies macht sie zu den größten Kriegern der Schöpfung gegen Luzifer und seine Heerscharen in allen Dimensionen und Ebenen.

Engel auf der Erde

Wie bereits erwähnt, dürfen Engel, wie alle anderen Seelen im Universum, als Mensch auf die Erde inkarnieren. Begleitet wird ein Engel dabei von einem Geburtsengel, der ihm während der gesamten Inkarnationszeit mit seinen Fähigkeiten zur Verfügung steht. Der irdische Lebensplan des Engels wird während des Inkarnierens im Matrixfeld von Gaia verankert. In welchem Aurakörper von Gaia der Lebensplan des Engels hinterlegt wird, ist vom Bewusstseinsgrad des Engels abhängig. Der Lebensplan eines Engels aus der zweiten Hierarchie wird entweder im dritten oder im vierten Astralkörper von Gaia verankert, der eines Seraphim immer im zwölften und so weiter. Sobald der Lebensplan stabil ist, ist es die Aufgabe sowohl vom Schutzengel als auch von den geistigen Begleitern, alles Notwendige für den Lernprozess oder die Aufgabe vorzubereiten und danach ihrem Schützling die Richtung zu weisen, die er für sich selbst gewählt hat. Dabei obliegt es jedem inkarnierten Engel, sein Bewusstsein zu öffnen und das Leben, das er gewählt hat, in Freude und Hingabe zu leben. Es gilt immer noch der Leitsatz: »Lebe deinen Traum.«

Der irdische wie auch der kosmische Lebensplan dienen dem Zweck, das Bewusstsein sowie die Erfahrungswelt zu erweitern. Dies geschieht ebenso bei Engeln, die die Seraphimebene erreicht haben, wie auch bei Lichtwesen der Avatarebene. Abenteuer gilt es immer zu erfahren, und es gibt noch Milliarden Abenteuer, von denen wir bisher noch nicht einmal zu träumen wagen. Nicht nur in unserem Universum, sondern auch auf der Erde gibt es noch viel zu entdecken und einiges zu erforschen.

Sobald alle Chakras und Seelenanteile ihren Platz im Körper des Fötus gefunden haben, beginnt für den Engel die Geburt ins irdische Leben. Vielen Engeln fällt es leicht, die irdische Ebene zu betreten, sie sind dann voller Hoffnung und Tatendrang. Dennoch kann es vorkommen, dass den Engel im letzten Moment Angst überfällt, den letzten Schritt zu gehen. Bis zu diesem Moment war der Engel sich seines Selbst in jedem Augenblick vollkommen bewusst. Sobald der Geburtsvorgang beginnt, wird ein »Schleier« über sein Bewusstsein gelegt. Diesen Vorgang erlebt der Engel hautnah mit. Er kann fühlen, wie sich seine Wahrnehmungen und sein Bewusstsein verringern, wie der »Draht« zu seiner Sphäre schwächer wird, und er fängt an, sich allein und einsam zu fühlen – bis er das Gefühl der Einsamkeit ebenso vergisst wie das Wissen um seine wahre Identität.

Die Energieströme des Engels werden den irdischen Verhältnissen angepasst. Zwar nicht gänzlich, doch werden sie so weit gesenkt, dass der Engel die Chance erhält, seine Inkarnation unter denselben Voraussetzungen wie jeder andere Mensch zu beginnen. Allerdings behält der Engel einen kleinen Teil des Wissens um seine wahre Natur und seine Fähigkeiten. Diese erweitern sich im Laufe der kommenden zwei Jahre entweder oder erlöschen vollkommen. Das hängt davon ab, wie die Entfaltung verläuft. Wird sie gestört, werden im Laufe der kindlichen Entwicklung bis zum zweiten Lebensjahr hoch schwingende Tore geschlossen, die im weiteren Verlauf nur mit Mühe wieder geöffnet werden können. Erfährt der Engel eine bedeutende Wandlung, beispielsweise durch ein tief greifendes Erlebnis oder durch irdische Meister, die sich seiner annehmen, ist es möglich, dass der Engel eine tiefgehende Erleuchtung erfährt. Läuft alles nach Plan, ist der Engel ab seinem zweiten Lebensjahr vollständig im irdischen Matrixfeld angekommen. Die irdische Inkarnation kann beginnen – mit allem, was dazugehört. Der Engel wird seinen Fokus zu diesem Zeitpunkt auf die Erde und nicht mehr auf die Engelsphäre richten. Meistens jedenfalls.

Die Inkarnation des Engels nimmt ihren Lauf, und er geht durch alle Stadien seines Lebensplanes. Ist für ihn die Zeit seiner Rückkehr in die Engelsphäre gekommen, werden ihn seine Schutzengel/Begleiter umhüllen und seine Seelenanteile aus seinen Chakras lösen sowie die Materie von der Seele abstreifen.

Besonderer Aufmerksamkeit bedarf dabei der Prozess des Zurückkehrens, denn dieses Verfahren kann unter Umständen länger andauern als die Inkarnation selbst. Das ist meist kein allzu angenehmes Erlebnis für einen Engel. Der Vorgang des Loslösens eines Engels von der Erde unterscheidet sich immens von der Rückkehr der Lichtwesen. Der gesamte Lichtwesenverband, egal, aus welcher Seelensphäre eine Seele kommt, geht nach ihrer Inkarnation auf der Erde ins lemurianische Heilenergiefeld. Ausnahme: Seelen, die weder durch eine Krankheit (seelische oder körperliche) noch durch einen Unfall in die Lichtsphären, ihre Seelensphäre, zurückkehren. Engeln bleibt der Weg über das Heilenergiefeld von Lemurien hingegen verwehrt.

Ist die irdische Inkarnationszeit für den Engel beendet, werden der Energiestrahl der Chakras sowie das Energiefeld des Geburtsengels auf das Hundertfache erhöht. Engel der Heimkehr treten in das Energiefeld ein und begleiten den Engel aus der irdischen Matrix hinaus.

Innerhalb dieses extrem hoch schwingenden Energiefeldes befinden sich nur Seelen, die die Engelenergie in sich tragen, also ausschließlich Engel selbst. Im Außen können und werden Lichtwesen die Rückkehr des Engels umhüllend unterstützen.

Der Engel muss nun alle Stationen, jedes Energiezentrum, genannt Chakra, in umgekehrter Reihenfolge bis in die Engelsphäre erneut durchlaufen. Das bedeutet, dass der Engel bei jeder Energieerhöhung einen Teil seines Bewusstseins zurückgewinnt und dadurch alle Handlungen, die er auf Erden ausgeführt hat, korrigieren muss. Während andere Wesen dies über mehrere Inkarnationen hinweg geschehen lassen können, müssen Engel dies bereits auf ihrem Rückweg bewältigen. Bei jeder weiteren Inkarnation von Engeln auf der Erde starten sie somit bei Null.

Der Rückkehrprozess kann entsprechend eine belastende Angelegenheit werden und über einen langen Zeitraum andauern. Je liebevoller ein Engel sein irdisches Leben gelebt hat, desto weniger wird er auf seiner Heimreise erdulden müssen.

Bei der Rückkehr eines Engels in die Engelsphäre ist IMMER Zadkiel anwesend! Er überwacht jede Rückkehr in die Engelsphäre, ob sie einen Engel aus der zweiten Hierarchiestufe betrifft oder einen Seraphim. Für Engel auf der Erde hat Zadkiel deshalb eine ganz besondere Bedeutung.

Kommt der zurückkehrende Engel am »Tor« zur Engelsphäre an, wartet Uriel auf ihn. Uriel wird den Engel von allen restlichen irdischen Spuren befreien, und erst danach wird dem Engel erlaubt, in die Engelsphäre einzutauchen.

Kehrt der Engel nicht in die Engelsphäre zurück, bleibt ihm der Prozess dennoch nicht vollkommen erspart. Alles Irdische muss im irdischen Feld zurückgelassen werden, während gewisse Emotionen und Disharmonien beibehalten werden dürfen, was allerdings nicht oft vorkommt. Zumeist wird der Reinigungsprozess zur Gänze durchgeführt.

Bisher war nur wenigen bekannt, dass Engelwesen jeder Hierarchiestufe ebenfalls als Mensch auf die Erde inkarnieren. Es ist mir daher ein Bedürfnis, ein wenig näher darauf einzugehen.

Zu Beginn des irdischen Inkarnationsprogramms (Emanation) war eine Inkarnation der Engel in die Materie nicht vorgesehen. Inzwischen inkarnieren die Engel seit mehreren Tausend Jahren ins Matrixfeld der Erde, und vereinzelt waren sie auch schon in Lemurien und Atlantis in die dichtere Materie inkarniert. Nach dem Fall von Atlantis wurde im hohen Rat der Avatare und Seraphim beschlossen, dass die Engel, wie die Lichtwesen, als Mensch ins irdische Matrixfeld der Erde inkarnieren können.

Engel brachten beim Inkarnieren nicht die gleichen Voraussetzungen wie Lichtwesen mit. Das bedeutet, dass Engel nicht auf die gleiche Art und Weise ins irdische Matrixfeld eintauchen konnten. Das Gleiche gilt auch für die Loslösung vom irdischen Matrixfeld, sprich: für den Sterbeprozess und den irdischen Tod. Daher wurden für die Engel spezielle Verfahren entwickelt, die es ihnen erlaubten, in die irdische Matrix einzutauchen. Dazu später mehr.

Der Grund, weshalb es Engeln so schwerfiel, auf die Erde zu kommen und sie wieder zu verlassen, ist einfach erklärt: Mit dem Fall von Atlantis verschlossen sich Tore und Energiefelder zur geistigen Sphäre. Somit war es wesentlich komplizierter, Kontakt aufzubauen, sobald ein Wesen in das Matrixfeld der Erde eingetaucht war. Daher wurde es auch für Engel schwieriger, die Thematik der Erde zu begreifen und ihre Handlungen danach auszurichten, um die inkarnierenden Wesen optimal unterstützen zu können.

Betrachten wir zunächst einige Besonderheiten der Engelsphäre:

* Die Engelsphäre existiert in der zwölften Ebene der zwölften Dimension. Sie war von Anfang an in dieser Dimension vorhanden und ist niemals in eine tiefere Dimension gerutscht. Das ist ein wesentlicher Unterschied zu den Seelensphären!
* Nicht jeder Engel ist ein Seraphim, daher musste ein Energiekanal in die unteren Ebenen aufgebaut werden. Dieses System durchfließt das gesamte Universum wie ein Ader- und Venengeflecht. Die Kanäle lösen sich auf, sobald eine Dimension nicht mehr existiert!
* Arbeiten Engel außerhalb der Engelsphäre und sind diese Engel noch nicht in die Seraphimebene aufgestiegen, nutzen sie dieses Kanalsystem, um sich in die entsprechende Sphäre zu begeben. Dort können sie sich dann bei ihrer Arbeit frei bewegen. Das bedeutet, dass ein Engel immer in der Sphäre arbeitet, in der er selbst zu Hause ist.
* Jeder Seraphim hat, sobald er aus der Einheit tritt, einen Farbstrahl, mit dem er im Sphärenkosmos arbeitet. Bei Michael ist dies zum Beispiel der blaue Farbstrahl. Jeder Strahl hat eine kraftvolle Liebesenergie, die zum jeweiligen Seraphim passt. Sie ist eng an den Seraphim gebunden, der den Strahl trägt, und er erstrahlt in einer uns unbekannten Intensität von solch einer Schönheit, die wir uns aus irdischer Sicht nicht vorzustellen vermögen.
* Jedem Seraphim ist es möglich, seine Energie durch den Farbstrahl aus der Engelsphäre zu senden, ohne diese zu verlassen. Der Seraphim ist dennoch präsent und spürbar, denn er lenkt den Strahl mit seinem Bewusstsein. Er ist sozusagen dieser Farbstrahl. Durch diesen Vorgang wurde das Energiekanalsystem im Universum aufgebaut. Jeder Seraphim stellt seinen Farbstrahl für verschiedenste Aufgaben zur Verfügung. Eine solche Aufgabe ist, ein Wesen aus einer Seelensphäre mit seinen zwölf Seelenanteilen auf die Erde inkarnieren zu

* lassen oder auch einen Engel aus der Engelsphäre auf die Erde zu begleiten. Das ist die Aufgabe des Geburtsengels, die nur ein Seraphim übernehmen kann.
* Jede Seele, die auf die Erde inkarniert, wird das innerhalb eines Seraphim-Farbstrahls geschehen lassen. Jedes Wesen kann sich frei entscheiden, mit welchem Seraphim es den Weg zur Erde vollbringen will. Alle bekannten Seraphim stellen sich gern zur Verfügung und freuen sich, die Wesen in ihre jeweiligen Inkarnationen und bei ihren Aufgaben begleiten zu dürfen. Allerdings ist es selten, dass ein Seraphim, der nichts mit den uns auf der Erde bekannten Seelensphären zu tun hat, einen Engel oder ein anderes Wesen zur Erde begleitet.
* Die Seraphim, die in oder mit anderen Sphären arbeiten, konzentrieren ihre Handlungen auf die Welten, in denen sie Verantwortung tragen. Wobei es nicht auszuschließen ist, dass es nicht doch einmal vorkommt, dass ein solcher Seraphim einen Engel auf dem Weg zur Erde umhüllt.

Beschließt ein Engel, in ein anderes Energiefeld zu inkarnieren, so wird im Team erforscht, welcher Farbstrahl der geeignetste ist. Für die Entscheidung für einen Farbstrahl ist wesentlich, was die Seele des Engels in seiner Inkarnation genau erfahren will oder welchen Auftrag sie erhalten hat: Welche zusätzlichen Kräfte sind vonnöten, damit die Inkarnation bestmöglich vorbereitet ist, und was unterstützt die Absichten des Engels während seiner Inkarnation auf Erden?

Dennoch muss jede Seele ihren Geburtsengel selbstständig erwählen. Das Team, das einen Engel bei einer irdischen Inkarnation begleitet, besteht zumeist aus 3 000 bis 5 000 Wesenheiten. Je nach Aufgabe und Aufwand der zu absolvierenden Inkarnation können auch mehr Engel beteiligt sein. Ein Engel wird in der Anfangsphase ausschließlich von Engeln begleitet, da es anderen Wesen nicht erlaubt ist, in die Engelsphäre einzudringen. Sobald der Engel die Engelsphäre im Farbstrahl eines Seraphim verlässt, gesellen sich zu den Engeln auch Avatare, die sowohl Lichtwesen als auch andere Wesenheiten sein können.

Häufig begleiten Einhörner und Baumseelen Engel, die ins irdische Matrixfeld inkarnieren. Inkarniert ein Engel in tiefere Dimensionsebenen, können diesen Engel Wesen begleiten, die die Avatar-Ebene noch nicht erreicht haben. Jedes Wesen darf jede Chance nutzen, das fördert seinen Aufstiegsprozess und die Gemeinschaft. Gibt der kosmische Rat seinen Segen, kann die Reise beginnen.

Das Team eines Engels begleitet ihn schon, solange das Universum besteht. Wir alle kennen uns untereinander sehr gut und sind bestens miteinander vertraut. Besonders bei den Engeln ist das der Fall, da ihre Sphäre ein eigenes Energiesystem unterhält. Das bedeutet nicht, dass in einem Team nicht auch andere Wesen ihren Platz finden. Mit seinem Inkarnationsteam »bespricht« der Engel, was er in seiner Inkarnation erfahren will, wobei Engel meist von einem Seraphim einen oder mehrere Aufträge erhalten. Sobald alles in der Akashachronik vermerkt ist, kann der Ausflug auf die Erde – oder in eine andere Sphäre – beginnen.

Wie bei allen anderen Seelen werden zwölf Seelenanteile eines Engels für den menschlichen Körper ausgewählt und vorbereitet. Alle »menschlichen« Wesen inkarnieren mit zwölf Anteilen der Urseele in den Körper. Bei Tier- oder Baumseelen können das mehr oder weniger Anteile sein. Üblich ist jedoch auch hier die Erdenregel von zwölf Anteilen einer Seele.

Die Urseele eines Engels enthält Millionen Seelenanteile, die alle in der Engelsphäre beheimatet sind. Aus der Urseele werden vorsichtig zwölf Anteile herausgehoben und in den ausgewählten Farbstrahl eingefügt. Nehmen wir einmal an, der Engel hat sich für den Farbstrahl von Seraphim Michael entschieden, so wird Michael den Engel durch den Kosmos und die irdische Matrix zu der Seele tragen, die seine irdische Mutter wird. Üblich ist, dass eine Seele die werdende Mutter etwa ein halbes Jahr vor der Zeugung begleitet. Bei Engeln verhält sich das anders. Durch den Umstand, dass es für einen Engel schwieriger ist, das abgeschlossene Energiefeld der Engelsphäre zu durchbrechen, übernimmt diese Aufgabe der Seraphim, für dessen Farbstrahl sich der Engel entschieden hat. Inkarniert ein Engel, wird die werdende Mutter in dieser Zeit auf die Energie des Engels vorbereitet. Ist die Mutter gleichfalls ein Engel, entfällt dieses Vorgehen.

Der zukünftige Körper des Engels wächst, und mit jedem Tag lässt der Engel mehr Energie in den neuen, materiellen Körper einfließen. Schwierigkeiten kann es bei der Verankerung der Seelenanteile in die Chakras geben. Als erster Seelenanteil fließt derjenige ein, der für das Herzchakra vorgesehen ist. Dies geschieht in der sechsten Woche der irdischen Schwangerschaft. Dann folgen Wurzelchakra, Sexualchakra, Solarplexuschakra und so weiter, bis hinauf ins zwölfte Chakra, das außerhalb der irdischen Matrix liegt. Das sind die Energiezentren/Chakras, die jeder Mensch, gleich, ob Lichtwesenseele oder Engelseele, im menschlichen Körper trägt.

Da die Engel, wie die Lichtwesen, nicht nur »materiell«, sondern weiterhin ein wundervolles Bewusstsein aus den höheren Sphären sind, hat jeder Engel zusätzlich fünf weitere Chakras, die nach oben gerichtet sind und außerhalb des materiellen Körpers wirken. Zusätzlich besitzt ein Engel elf sphärische Körper, die auf menschlicher Ebene allerdings nicht sichtbar sind. Den auf der Erde am besten bekannten sphärischen Körper nennen wir Aurakörper.

Die Körper aus geistiger Sicht:
- 1. Materieller Körper
- 2. Lichtkörper
- 3. Aurakörper
- 4. Ätherischer Körper
- 5. Emotionalkörper
- 6. Mentalkörper
- 7. Astralkörper
- 8. Ketherkörper
- 9. Chakrakörper
- 10. Sphärenkörper
- 11. Sternenkörper
- 12. Seraphkörper

Die umhüllenden sphärischen Körper (Körper 2–12, auch ätherische Körper genannt) werden von vielen Wesen unterschwellig wahrgenommen. Ebenso arbeiten die geistigen Begleiter und der Schutzengel des Engels unablässig in und mit diesen Körpern.

Ist der Prozess, alle Körper des Engels auf der Erde zu verankern, abgeschlossen, müssen Engel während des irdischen Geburtsvorgangs durch das Tor des Vergessens schreiten. Inkarnierte Engel müssen sich also erst wieder zu ihrem kosmischen Wissen vorarbeiten. Sie tragen allerdings die Erinnerung an die göttliche Einheit in sich. Diese Erinnerung bringt so manchen Engel auf Erden in Schwierigkeiten, da er sich viel schneller verloren und ungeliebt fühlt als andere Wesen. Durch ihre Verbindung zur Einheit und den Umstand, dass sie durch das Tor des Vergessens gegangen sind, fühlen Engel die Trennung von ihrem Ursprung intensiver. Das kann unter Umständen in einem Gefühl der absoluten Hilflosigkeit sich selbst gegenüber enden. Dadurch schottet sich der Engel von seinen Mitmenschen ab, was zur Folge hat, dass er sich vollkommen im Gefühl der Einsamkeit verliert.

Im zwölften Chakra eines Engels ist festgelegt, inwieweit sich der Engel in der Inkarnation an seine wahre Natur und an seinen Auftrag erinnert. Manche Engel vergessen ihre Herkunft vollständig, während andere Engel sich schnell und intensiv an ihre Heimat erinnern. Dennoch ist der Prozess des Vergessens nötig, da der Engel sonst gegebenenfalls seine Lernschritte nicht in Vollkommenheit absolvieren könnte.

Beispiel: Ein reicher Mann verkleidet sich als Bettler und lebt eine Zeit lang unter anderen Bettlern. Obwohl er alle Erfahrungen durchlebt, wird er das Gefühl, arm und ausgestoßen zu sein, nie zur Gänze erleben. Ihm ist immer bewusst, dass er in Wahrheit ein reicher Mann ist. Der Mann würde eine andere Intensität des Arm- und Ausgestoßenseins erfahren, verlöre er mit einem Schlag sein Bewusstsein. Würde er dann unter Bettlern leben, könnte er diese Erfahrungen in Vollkommenheit erleben.

Das zwölfte Chakra ist das zentrale Chakra der spirituellen Sichtweisen eines Engels. In dieses Chakra ist die Bewusstseinsenergie integriert, die dem Engel auf Erden hilft, sein Bewusstseinspotenzial zu entfalten. Das zwölfte Chakra hat demzufolge das höchste Bewusstsein, das ein Engel auf der irdischen Ebene erwecken kann. Alle Informationen, die die Inkarnation des Engels betreffen, sind in den zwölften Seelenanteil eingegliedert. Zum Beispiel: das Aussehen des Engels, welche Schulbildung er durchläuft, ob er einmal heiratet und Kinder bekommt, welches Alter er erreicht, wer von seiner Seelenfamilie ihm begegnet oder wer für einen bestimmten Zeitraum sein Leben begleitet und so weiter. Diese Informationen sind gleichfalls in der Akashachronik vermerkt. In der Akashachronik wird nichts gelöscht, und nichts verjährt. Doch kann es gut sein, dass unter bestimmten Voraussetzungen die Akashachronik umgeschrieben wird.

Jedem inkarnierten Engel stehen drei mögliche Zeitpunkte für die Heimkehr in die Engelsphäre zur Verfügung. Meistens durchlaufen Engel dann eine Phase der Wandlung. Entschließt sich der Engel, weiterhin auf der Erde zu verweilen, wird eine entsprechende Situation nicht entstehen oder, im Fall einer Erkrankung, wird der Engel genesen.

Den letzten Termin müssen wir alle wahrnehmen, gleich, um was für eine Wesenheit es sich bei uns handelt. An ihm führt kein Weg vorbei, auch nicht für die Engel. Es gibt wenige Ausnahmen, wie Metatron, der nicht starb, sondern durch Michael in die Seraphimebene gehoben wurde. Oder Babaji, der die Materie hinter sich ließ und in feinstofflicher Form auf der Erde verweilt.

Herausforderungen und Hürden
der Erdenengel

In dieses Kapitel fließen einige meiner Erfahrungen ein. Daher ist gegebenenfalls das eine oder andere, was du hier liest, nicht so objektiv, wie es sein sollte. Gleichzeitig kann ich meine Erlebnisse in diesem Kapitel nicht außer Acht lassen. Ich hatte bisher ausreichend Möglichkeiten, Engel in Menschengestalt auf der Erde zu beobachten – mich selbst eingeschlossen. Und was soll ich sagen … wir sollten das Inkarnationskonzept für Engel vielleicht einmal überarbeiten. Da ich sicher bin, dass die Umsetzung noch einige Zeit in Anspruch nehmen wird, beschreibe ich, wie es bisher abläuft und welche Auswirkungen das Menschsein auf Engel hat.

Die Inkarnation der Engel auf die Erde ist ein bewegendes Kapitel in der Engelgeschichte. Bedauerlicherweise halten einige Menschen es immer noch für unwahrscheinlich, wenn nicht sogar für unmöglich, dass Engel als Menschen auf der Erde ihre Erfüllung finden. Dies ist natürlich überaus betrüblich, es ändert jedoch nichts an der Tatsache, dass ich reichlich Engeln in Menschengestalt begegnet bin. Und damit meine ich keineswegs Menschen, die anderen ununterbrochen etwas Gutes tun und sich dabei selbst vollkommen vergessen. Das sind selbstverständlich wundervolle Menschen und hilfreiche Wesen. Sie sind jedoch in vielen Fällen keine inkarnierten Engel!

Falls du davon überzeugt bist, dass du selbst ein Engel bist, wird dich das Kapitel wahrscheinlich brennend interessieren. Natürlich wird es dich in gleichem Maße interessieren, falls du vermutest, dass du mit einem Engel zusammenlebst, was mitunter kein leichtes Unterfangen ist. Oder möglicherweise bist du einfach gespannt, weil es eine reizvolle und sympathische Vorstellung ist, dass Engel ebenfalls den irdischen Hürdenlauf absolvieren müssen. Das ist zugegebenermaßen ein heikles Thema. Im Besonderen, wenn dieser Engel ein Seraphim ist. Ob unterste Engelhierarchiestufe oder Seraphim, alle Engel durchlaufen das gleiche Inkarnationsverfahren, und alle Engelhierarchien inkarnieren. Damit du die Art der Engel auf Erden besser verstehst, werde ich die Anfänge erläutern. Das mag zäh erscheinen, ist jedoch wichtig, willst du das Verhalten von Engeln als Menschen besser begreifen.

Zu Beginn des Erdenprojekts war es nicht vorgesehen, dass Engel oder auch Lichtwesen ein menschliches materielles Kleid erhalten und auf der Erde wandeln. Engel sollten seinerzeit lediglich beratend und begleitend zur Seite stehen, jedoch keine größeren Aufgaben übernehmen. Einzig Seraphim Uriel hatte größeren Einfluss und war, bzw. ist, Gaias Ansprechpartner, damals wie heute.

Doch wie so oft kam es anders als gedacht: Das Erdenprojekt geriet nach dem lemurianischen Zeitalter ins Stocken und nahm im weiteren Verlauf katastrophale Züge an. Die Engel erschienen auf dem Spielfeld und übernahmen gemeinsam mit den Lichtwesen die Führung der Erde. Allerdings geriet das Projekt durch einen widrigen Umstand in Schieflage: Die Verbindung zwischen Wesen, die sich mit der Erde verbanden (inkarnierten) und der geistigen Sphäre wurde durch die zunehmende materielle Dichte immer schwieriger. Bis letztlich fast kein Kontakt mehr vorhanden war. Das war das Ende der lemurianischen Epoche und der Anfang des atlantischen Zeitalters.

Wesen in Atlantis, die ihre spirituelle Verbindung aufrechterhalten konnten, fingen an, andere Wesen zu manipulieren. Die Folge war, dass sie Macht über freie Wesen ausübten. Daraus entstand die Energie, über andere zu herrschen. Die Engel in der geistigen Sphäre sahen diesem Geschehen zunächst recht pragmatisch zu und vermieden es, sich einzumischen. Sie gaben, relativ unbeteiligt, Hinweise und versuchten – leider wenig erfolgreich – mit inkarnierten Lichtwesen Kontakt aufzunehmen, was kläglich scheiterte. Sie hatten schlicht keinen Bezug zur Erde.

In Atlantis inkarnierten die Lichtwesen nicht in die dritte, sondern durch Sternentore in die fünfte Dimension auf die Erde. Erst später, nach der Zerstörung von Atlantis, sank die Energie. Bis dahin existierten überall auf der Erde atlantische Zentren, die die fünfte Dimensionsenergie besaßen. Die Engel hatten Zugang zu den inkarnierten Seelen und doch keinen.

Daraufhin wurde im höchsten gemeinschaftlichen kosmischen Rat, im irdisch-sphärischen Rat sowie im hohen Seraphim-Rat beschlossen, dass Engel ins irdische Matrixfeld eintauchen sollten. Dabei vergaß man, dass dort das Tor des Vergessens ebenso wie die irdischen Energien der Disharmonie auf die Engel warten würden. Die Engel mussten einen großen Teil ihrer Fähigkeiten und natürlich ebenso ihre Erinnerung an das, was sie sind, zurücklassen. Obwohl in der damaligen Zeitepoche die Tore zum eigenen Bewusstsein nicht in dem Ausmaß geschlossen waren, wie wir es heute kennen, waren die inkarnierten Engel mehr als verwirrt.

Eine Eigenschaft aus der Engelsphäre durften Engel jedoch behalten: Sie besaßen die Fähigkeit, mit ihren Flügeln zu inkarnieren. Wobei »inkarnieren« nicht der richtige Ausdruck ist. Denn damals gab es keine Geburt wie heute, sondern alle Wesen, die in die atlantischen Zentren inkarnierten, nutzten Sternentore als Durchgang.

Zu den Zeiten von Lemurien und Atlantis waren die noch unterentwickelten menschlichen Körper nicht bereit, Seelen aufzunehmen. Aus dem sphärischen Energiebereich wurde auf alle möglichen Arten mit der Materie experimentiert. Es dauerte lange, bis der menschliche Körper hohe Wesenheiten in sich aufnehmen konnte. Solange dies nicht möglich war, gab es für alle Seelen eine Übergangslösung, die halb irdisch und halb sphärisch war. Durch das Durchschreiten eines Sternentores verdichteten die Seelen ihre Schwingung auf ein absolutes Minimum und nahmen hierdurch eine Art Materie an. Anschließend verankerten sie sich mit einer bewussten Handlung durch ihren Chakrastrahl im Energiefeld der Erde. Durch diese Form der Inkarnation war es für Engel möglich, sich mit ihren Flügeln im irdischen Matrixfeld zu verdichten.

Mit dem Homo sapiens war es für inkarnierende Engel mit den Flügeln vorbei. Die Inkarnationen der Engel verliefen seit diesem Zeitpunkt in einer für sie noch nie erlebt tiefen Schwingungsform. Engel hatten bis zu diesem Zeitpunkt keine Erfahrung mit einem anderen Kleid als ihrem eigenen gemacht. Die ganze Palette der irdischen Gefühlswelt stürmte auf die inkarnierten Engel ein. Ihr Verhalten auf der Erde veränderte sich in exorbitantem Maß. Sie wurden »irdisch« – mit allen Gefühlen, die es in dieser Ebene zu erleben gibt. Je dichter die Materie wurde, desto dichter wurden auch die Gefühle der Engel im Matrixfeld der Erde.

Gab es zur Zeit von Atlantis noch Engel mit hohem Bewusstsein und direktem Zugang zur höheren Sphäre, rutschten die Engel danach vollkommen auf das Erdenniveau ab. Sie konnten ihre hohe Energieschwingung nicht mehr aufrechterhalten und erlagen vollkommen dem irdischen Schwingungsfeld. Alle, wirklich alle Engel waren auf derselben Bewusstseinsebene, inkarnierten sie ins irdische Matrixfeld. Sie waren vollkommene Liebe und im nächsten Augenblick vollkommene Disharmonie. Das war und ist immer wieder aufs Neue eine beunruhigende Erfahrung für jeden einzelnen Engel. Und es ist bis heute ihr größter Stolperstein auf Erden.

Die irdische Art und Weise ist Engeln eher fremd. Sie fühlen sich auf der Erde des Öfteren nicht willkommen und hadern dementsprechend mit ihrem irdischen Schicksal. Das Gefühl, nicht auf der Erde erwünscht zu sein, geht auf die atlantische Zeitepoche zurück. Engel wurden in dieser Ära als störende Wesen wahrgenommen. Die Seelensphären wollten das Erdenprojekt nach ihren Vorstellungen formen, was mit der Einmischung seitens der Engel, sphärisch wie irdisch, nicht mehr möglich war. Engel wurden geduldet, jedoch waren sie nicht sonderlich erwünscht. Das hört sich vielleicht drastisch an, wird in den hohen Sphären jedoch genau so wahrgenommen. Irdisch gesehen scheiterten die Engel trotz ihrer hohen Intuition immer stärker an den irdischen Gefühlen. Sie erlagen der Verführung, andere Wesen mit ihrer besonderen Liebeskraft zu manipulieren. Diese war weiterhin sehr ausgeprägt. Mit ihr konnten sie Wesen im Irdischen um den Verstand bringen. Die Lichtwesen fingen an, Engel als etwas Besonderes zu sehen, und der Neid hielt auf der Erde Einzug.

Die Erfahrungen der Engel wuchsen mit jeder Inkarnation, und sie betrieben ihre Spiele auf der Erde, im Besonderen mit ihresgleichen. Eine dieser sehr schmerzhaften Begebenheiten war das Entfernen der Flügel während der atlantischen Zeit. Diese Bürde tragen manche Engel bis heute. Beraubt man einen Engel eines Teils seines Seins wie seiner Flügel, hat das schwerwiegende Folgen für seine Bewusstseinsentwicklung. Zudem ist dieser Engel unfähig, wieder in die Engelsphäre einzutauchen. Der Engel ist dazu verurteilt, so lange im Universum zu verweilen, bis er einen Weg gefunden hat, seinen Schock zu überwinden, und seine Flügel zurückerhält. Die Flügel sind für einen Engel das, was die Lunge für die Menschen ist. Ohne Lunge können wir das Leben nicht einatmen. Ohne Flügel kann ein Engel seine Seele nicht spüren und verliert vermeintlich seine Identität. Die Liebe ist sein Lebenselixier, die Identität eines Engel. Die Liebe ist weiterhin in ihm verankert, jedoch erhält er keinen Zugang zu seiner Liebe.

Heutzutage inkarniert so mancher Engel auf die Erde, um die Erfahrung aus Atlantis endlich und ein für alle Mal zu überwinden. Der Prozess des spirituellen Erwachens kann nicht vonstattengehen, sofern ein Engel weiterhin in der Illusion lebt, keine Liebe in sich zu tragen.

In unserer Zeit wimmelt es geradezu von Engeln auf der Erde. Gleich, in welche Kultur oder auf welchem Kontinent, Engel sind überall in beachtlicher Zahl auf unserem Globus anzutreffen. Im Gegensatz zu früheren Epochen hat ihre Zahl um das Tausendfache zugenommen. Sie erfüllen nicht nur Aufträge, wie es in früheren Zeiten der Fall war. Sie inkarnieren mittlerweile, ebenso wie alle Wesen, um menschliche Erfahrungen zu machen. Dennoch ist das Inkarnieren auf die Erde für Engel immer noch ein heikles Unterfangen. Das irdische Schwingungsfeld fühlt sich für Engel völlig anders an als die Engelsphäre. Es besteht die akute Gefahr, dass sie schnell ihren inneren Halt verlieren. Durch diesen Umstand ist es leicht möglich, einen Engel auf Erden physisch und psychisch aus der Spur zu werfen. Infolgedessen gibt es gleichwohl zahlreiche Engel, die das Inkarnieren auf unseren Planeten tunlichst vermeiden. Und es gibt die abenteuerlustigen Engelwesen: die, die sich durch nichts aufhalten lassen. Die Erde bietet eine unvergleichliche Bandbreite an Möglichkeiten, die sich diese Engel genauso wenig entgehen lassen wollen wie die Seelen aus den Seelensphären.

Die Erde ist unerschöpflich in ihrer Kreativität, und ebenso sind es Engel. Ihre wundervolle Energie wirkt in unserem Energiefeld auf subtile Art. Relativ selten sind sich Engel ihrer Wirkung auf die Erde und besonders auf die Menschen im Allgemeinen bewusst. Würden Seraphim Michael und der große Seraphim-Rat beschließen, ab sofort keine Engel mehr auf die Erde zu senden, würde eine gewaltige Gefühlskälte die Menschheit ergreifen. Was natürlich nicht geschehen wird, da weder Seraphim Michael noch der Seraphim-Rat derlei Ambitionen hegen.

Dennoch, die vermehrte Inkarnationsrate der Engel auf Erden birgt ihre Tücken. Engel erliegen nicht selten der irdischen Illusion. Sie begehen Handlungen auf der Erde, die bei ihrer Rückkehr in die Engelsphäre unter gewissen Umständen mit brachialer Gewalt gereinigt werden müssen. Zudem ist das Inkarnationsverfahren wesentlich komplizierter als bei Wesen aus den Seelensphären. Immer mehr sphärische Engel müssen für ihre Artgenossen auf der Erde Wege finden, nicht in die disharmonischen Fallen zu geraten. Oftmals bewegen sich die sphärischen Engel dabei hart an der Grenze des Erlaubten. Es gibt kosmische Gesetze, die eine Einmischung auf Erden seitens der sphärischen Ebene klar verbieten. Unsere Erde ist ein Projekt, in dem jedes Wesen in Selbstverantwortung seinen eignen Weg finden darf, ohne von seinen sphärischen Begleitern manipuliert zu werden. Das gilt ebenso für alle inkarnierten Engel und selbstverständlich auch für Engel aus der Seraphimebene.

Alle Engel müssen ihren Aufwachprozess auf der Erde in Eigenverantwortung zulassen. Auch wenn sie sich weigern, ist es ihren sphärischen Begleitern nicht erlaubt, einzugreifen. Eine große Hürde für Engel auf der Erde ist der freie Wille. Sehen wir einmal von der Wahl der Kleidung ab, kann das für einen Engel unangenehme Folgen haben. Manchmal begehen Engel Handlungen, die sie selbst nicht einordnen können. Der Drang, zu dienen, ist gegebenenfalls übermächtig und bringt Engel in arge Bedrängnis. Sie dienen, ohne zu überlegen, was nicht immer erwünscht ist und von manchen Menschen als aufdringlich wahrgenommen werden kann. Umgangssprachlich nennt man das »Helfersyndrom«.

Auf der anderen Seite kann sich dies für die sphärischen Begleiter als Glücksfall erweisen. Unter dem Aspekt des göttlichen Dienens öffnet sich eine klitzekleine Hintertür für die sphärischen Begleiter, denn sie können ihre Schützlinge dadurch intensiver lenken, als es bei anderen Wesen erlaubt ist. Dass hier das kosmische Gesetz bis an die Grenzen ausgedehnt wird, ist letztlich nicht relevant. Wir liegen selbstverständlich im Bereich des Erlaubten. Und die Hauptsache ist, dass der Engel auf seinen Bestimmungsweg gebracht wird. Es wird gemeinhin vermieden, Engeln eine Sonderbehandlung aus der geistigen Sphäre zuzugestehen, jedoch wird von feinstofflicher Seite getan, was möglich ist.

Engel unterliegen den kosmischen Gesetzen wie alle anderen Wesenheiten, dennoch gelten für sie einige Sonderregelungen. Der nicht gegebene freie Wille erschwert den Engeln in vielen Bereichen ihres irdischen Daseins die Inkarnation und das Leben auf der Erde. Bisweilen torkeln sie eher durch ihre Inkarnation, als dass sie aktiv und bewusst an deren Gestaltung mitwirken.

Beispiele:
>Engel wollen helfen … dann wird es ihnen zu viel.
>Engel wollen nett sein … dann fühlen sie sich ungerecht behandelt.
>Engel sind großzügig … dann fühlen sie sich ausgenutzt.

Einen Bewusstseinsprozess zu beschreiben, ist mit dem Drang, immerzu helfen zu müssen, nur schwer in Einklang zu bringen. Die Herausforderung, ein Gleichgewicht zu schaffen und wahrzunehmen, wann Unterstützung erwünscht ist und wann nicht, gehört zum Lernprozess eines Engels auf Erden.

Zur Vermeidung weitreichender, katastrophaler Fehltritte ergreifen die sphärischen Begleiter mitunter recht drastische Schritte. Ein Engel auf Erden wird diese als unangemessenen Schicksalsschlag wahrnehmen, der ihn gewöhnlich dennoch zum Umdenken bewegt. Auf diese Weise können die sphärischen Begleiter ihr angestrebtes Ziel in der Regel erfolgreich umsetzen. Ist ein Engel endlich bereit, seiner Bestimmung als Mensch zu folgen, eröffnet sich ihm eine neue Welt, in der er endlich seine Bestimmung findet. Sein Auftrag kann beginnen, und die entsprechenden Umstände werden herbeigeführt. Nun könnte es losgehen, wären da nicht noch Stolpersteine wie Süchte, Todessehnsucht oder das Gefühl, nicht auf die Erde zu passen oder hier willkommen zu sein. Manchmal weigert sich der inkarnierte Engel standhaft, aufzuwachen, was nicht weiter tragisch ist, denn sofern der Engel bereit ist, wird ein weiterer Versuch unternommen.

Das unterschwellige Gefühl der inkarnierten Engel, anders als alle anderen zu sein, geht oft auf die Engelsflügel zurück. Obschon Engel heute natürlich ohne Flügel in menschliche Körper inkarnieren, vermissen sie diese latent. Sie fühlen sich unverhältnismäßig häufig nicht vollständig, nicht komplett in ihrem Sein. Engel auf Erden sind sich gegenwärtig nicht bewusst, dass sie Engel in einem menschlichen Kleid sind. Weist man die Engel darauf hin, dass sie ein inkarnierter Engel sind und dass sie sich ihre Flügel einfach vorstellen sollen, geht es ihnen schlagartig besser. Gewöhnlich führt dies bei ihnen zur explosionsartigen Bewusstseinsentfaltung, was jedoch nicht verhindert, dass sich Engel auf der Erde wiederholt allein und verlassen fühlen, immerhin sind 50 Prozent der Seelenanteile eines Engels außerhalb des Universums in der göttlichen Einheit verblieben. Das löst unterschwellig das Gefühl aus, nicht vollkommen zu sein.

Die Auswirkungen sehen bei jedem Engel anders aus. Meistens fühlen sich inkarnierte Engel unverstanden, fast, als sprächen sie eine andere Sprache, obwohl sie dieselben Worte wie andere Menschen nutzen. Leider kann ich das bestätigen, Engel sprechen eine andere Sprache als der Rest der göttlichen Schöpfung. Das ist ein erhebliches Problem für Engel auf Erden.

Sehr viele inkarnierte Engel werden zudem als naiv betitelt, obwohl ihre Wesenszüge wenig bis gar nichts mit Naivität zu tun haben. Sie sind schlicht ein Ausdruck des Göttlichen. Im irdischen Dasein werden die Charakterzüge aus einer anderen Perspektive beleuchtet und erscheinen demzufolge in einem anderen Licht. Bei der Engelkommunikation ist zudem maßgeblich, welchen Bewusstseinsgrad ein Engel besitzt und welcher Charakter ihn ausmacht. Kein Engel ist gleich. Jeder Engel trägt einen speziellen göttlichen Aspekt in sich.

Warum beschreibe ich dies so ausführlich? Weil ich möchte, dass Engel sich in diesem Buch wiederfinden und verstehen, dass sie es in der Hand haben, die Muster abzustreifen. Du hast keine SCHULD daran, dass du bist, wie du bist. Jedoch obliegt es DEINER Verantwortung, Dinge zu erkennen und dein Wachstum selbstständig zu fördern. Niemand anderes als du lebst dein Leben. Daher handle im vollen Bewusstsein deiner Liebe. Natürlich gilt das ebenso für alle anderen Wesen unseres Universums.

TIPP

Lebst du mit einem Engel zusammen, versuche unter allen Umständen, zu vermeiden, ihn zu verbiegen. Das ist das Furchtbarste, was du einem Engel antun kannst. Ihn für seine Hingabe, Naivität, Liebe und Kindlichkeit zu bestrafen, bewirkt eher das Gegenteil, als dass es die Entwicklung fördert. Wenn dich sein Helfersyndrom stört, dann denke daran: Es gehört zu ihm wie das Licht zur Sonne.

Lässt du einen Engel seine Stärken leben und fängst du an, sie zu lieben, wirst du eines Tages das Paradies auf Erden in den Augen des Engels sehen. Die industrielle Welt ist nicht unbedingt das optimale Spielfeld für einen Engel, dennoch ist es gerade deshalb außerordentlich wichtig, einen Engel so sein zu lassen, wie er ist. Sein Lachen wird die Welt bunter machen, und wir können von ihm lernen, unseren Blick auf das zu richten, was im Bewusstwerdungsprozess zählt: die Hingabe an die Liebe.

Eines Tages werden wir alle das Dasein auf der Erde mit seinen Hürden gelassen betrachten. Sobald wir anfangen, uns selbst und unsere Art, zu existieren, anzunehmen, steht der Gelassenheit nichts mehr im Weg. Damit das Verständnis für die Wesenszüge der Engel auf Erden keimen und wachsen kann, werde ich jetzt weiter die Hürden des Engeldaseins beschreiben. Obwohl wir in der Praxis selten alle Eigenheiten auf einmal leben – somit ist alles nur halb so wild.

Engel leben häufig Extreme auf der Erde. Auf der einen Seite sind sie außerordentlich hilfsbereit und aufopferungsvoll. Auf der anderen Seite sind sie fähig, eine Ichbezogenheit zu leben, die einen sprachlos werden lässt. Den Unterschied zwischen diesen beiden polaren Lebensweisen zu erkennen, fällt Engeln schwer, wenn sie ihn überhaupt wahrnehmen können. Diese Gegensätzlichkeit zu fühlen oder auch nur annähernd nachzuvollziehen, ist aus einem Grund unmöglich, den wir bereits kennen: Engel besitzen keinen freien Willen, und was ein ICH ist, ist ihnen schlicht schleierhaft. So zumindest die Theorie. In der Praxis sieht es anders aus: Ein Engel meint, er hätte einen freien Willen, und versucht, nach irdischen Spielregeln zu spielen. Das bringt ihn in einen tiefen inneren Konflikt, da er intuitiv weiß, dass er manche Dinge lieber bleiben lassen sollte, um seiner inneren Stimme, seinem inneren Drang zu folgen.

> **TIPP**
>
> Bist du ein Engel oder lebst mit einem Engel zusammen, dann ist es vorteilhaft, jeden Tag kurz innezuhalten und zu fühlen, was dir bzw. ihm am Tag Freude bereitet hat. Betrachte deine Handlung, und nimm wahr, wo es sich für dich gut anfühlt. Auf diese Weise findet ein Engel besser zu sich selbst.

Die Engel sind auf der Erde, was nicht bedeutet, dass sich ihre Seele komplett wandelt. Die tiefe innere Wahrnehmung bleibt einem Engel. Er kann sie in seiner Menschlichkeit nur nicht greifen.

Im Universum kann sich kein Engel als abgeschottete Seele fühlen. Er fühlt sich mit der gesamten Schöpfung verbunden und eins! Wie soll er da auf Erden wahrhaftig begreifen, dass wir hier nicht eins sind? Dass sein irdisches Verhalten bei Mitmenschen auf Unverständnis stößt, ist die logische Schlussfolgerung. Was einem Engel bedauerlicherweise hochgradig unverständlich ist.

> **TIPP**
>
> Bist du ein Engel, lerne, mutig zu sein, und vertraue der Erde und ihren Schöpfungen. Öffne dich, und erlebe Abenteuer. Schließe dich einer Gruppe an, und erlaube dir, Spaß am Leben zu haben.

Doch es gibt Hoffnung. Durch gewisse Lernerfahrungen ist ein Engel auf der Erde durchaus in der Lage, sein Verhalten ernsthaft zu analysieren und zu verstehen. Übt er ein wenig, wird er den Unterschied zum Menschsein bald erkennen und sein Verhalten den irdischen Verhältnissen anpassen. Er wird lernen, seiner Weisheit zu folgen und sich seinem Wesen hinzugeben. Er wird lernen, seine Essenz als Engel auf der Erde zu leben.

 Übungsimpuls

Für Engel auf der Erde spielt Musik eine überaus wichtige Rolle. Lausche ihr, und begib dich dabei auf die Reise zu dir selbst, indem du dir erlaubst, Gefühle, die sie in dir erweckt, zuzulassen.

Was Engeln hingegen nicht gut gelingt, ist, ihren Drang, zu dienen, den irdischen Gegebenheiten anzupassen. Die Art des Dienens auf der Erde kann erstaunlich vielfältig sein, nicht jedoch das Dienen an sich. Leider dienen nicht alle Engel der »lichtvollen« Seite! Der Drang, zu dienen und seinen Auftrag erfolgreich zu absolvieren, treibt einen Engel in jeder Dimension und in jeder Ebene an. Die erste Priorität für einen Engel ist die Erfüllung seines Auftrags. Da eine ganze Reihe von Engeln auf der Erde wandelt und ihre Aufträge erfüllt, wäre es angebracht, positiv gestimmt zu sein. Wären da nicht gewisse Hinterhalte, in die Engel durch ihren geringen irdischen Erfahrungsschatz hineinstolpern. Was einen Engel jedoch nicht an der Erfüllung seines Auftrages hindert, es dauert einfach länger, ihn zu erfüllen.

Engel lassen sich, sind sie einmal auf Kurs, schwer von ihrem Auftrag abbringen. Dessen ungeachtet bleibt das heikle Thema des Helfersyndroms oder Dienens. Die Versuchung, ein wenig mehr zu dienen als erlaubt, ereilt die Engel fast täglich. Nimmt ein Engel wahr, dass ein Mitmensch einen ähnlichen Auftrag wie er selbst erfüllen darf, wird die Tendenz zum Helfersyndrom dazu führen, dass er einen großen Teil des Auftrags selbst übernimmt. Was prinzipiell streng verboten ist! Das interessiert einen Engel jedoch herzlich wenig. Lieber erträgt ein Engel mit stoischer Ruhe die Folgen, als dass er sich daran hindern lässt, zu dienen, was seine Mitmenschen auf der Erde abgrundtief nerven kann. Womit wir beim Thema angelangt sind: »Ich habe es doch nur gut gemeint.«

Das ganze »Ich-will-dienen-« oder »Ich-will-helfen-Getöse« führt einen Engel Schritt für Schritt und unaufhaltsam in die Bredouille. Seine Mitmenschen reagieren gereizt auf die ständig aufgezwungene Fürsorge, ganz besonders, wenn ein Engel seinen Mitmenschen aus voller Überzeugung nicht zutraut, Dinge selbstständig zu erledigen. Er bemerkt kein bisschen, dass er seine Mitmenschen mit voller Inbrunst entmündigt.

Mein Tipp in einem solchen Fall: Es gibt nur einen Weg, und der heißt: klar und deutlich STOPP sagen. Liebevoll und klar – und unmissverständlich.

Die Problematik, die sich für den Engel hieraus ergibt, ist: Er will etwas herzzerreißend Gutes tun, und heraus kommt eine absolute Katastrophe. Weil ein Engel unbedingt dienen will, besteht für ihn die Gefahr, dass er andere verletzt und die Grenzen seiner Mitmenschen überschreitet. Sehr schnell kann daraus eine beherrschende Luzifer-Energie entstehen. Was selbstverständlich nicht Sinn und Zweck einer Engel-Inkarnation ist. Teile dem Engel dann mit klaren und liebevollen Worten deine Sichtweise mit, bevor es zu einem Eklat kommt. Diese Vorgehensweise kann natürlich bei jedweder Wesenheit angewandt werden, nicht nur bei Engeln.

Es liegt im Bereich des Möglichen, dass die Engel nicht sonderlich erfreut auf solch eine Zurechtweisung reagieren, denn die Sehnsucht eines Engels, von allen Menschen angenommen, getragen und geliebt zu werden, steht in keinem Verhältnis zur irdischen Realität. Ein Engel stellt hohe Ansprüche an seine eigenen Gefühle. Er gibt in seiner Realität unbeschreiblich viel von sich als Wesen, und ohne dass er dies bewusst wahrnimmt, erwartet er dasselbe von seinen Mitmenschen. Weigert sich das Gegenüber, fühlt sich ein Engel schlagartig aus- bzw. weggestoßen. Er flüchtet sich in seine Innenwelt, die er hermetisch von der irdischen Welt abschottet. Ohne Umwege führt ihn der Weg von der gerade noch gelebten Glückseligkeit in die abgrundtiefe Todessehnsucht. Der Engel entzieht sich der Welt. Das ist in keiner Weise ein Manipulationsversuch seitens des Engels – ganz und gar nicht. Der Engel erlebt dieses Gefühl wahrhaftig in seiner Seele.

TIPP

Wenn du ein Engel bist oder mit einem Engel zusammenlebst, ist es unabdingbar, eine solide und harmonische Art der Kommunikation zu wählen. Was du unbedingt vermeiden solltest, sofern du mit einem Engel zu tun hast, ist, ihm deine Liebe zu entziehen. Mit Engeln kann man gut fighten und sich raufen, jedoch ist Liebesentzug tödlich für die Freundschaft zu einem inkarnierten Engel. Mein Rat: Lasse es bleiben. Und wenn möglich, tue das keiner Seele an!

Da Engel auf der Erde nichts weiter von ihrer Sphäre spüren als sich selbst oder andere Engel, fühlen sie sich vermehrt heimatlos und verloren. Das Gefühl der Heimatlosigkeit überfällt Engel in regelmäßigen Abständen. Sie erliegen der Illusion, weder einen Anker noch einen sicheren Hafen auf Erden zu besitzen, was zur Folge hat, dass sich das Tor öffnet, durch das sie manipulierbar werden. Was wiederum das Tor für die Energie des Ausnutzens öffnet. Sie lassen sich im Namen der Liebe leider für vielfältige Dinge einspannen, besonders, wenn man ihnen vorgaukelt, wahre Freundschaft oder die wahre Familie gefunden zu haben. Für Engel ist es ein Desaster, wenn sie bemerken, dass dem nicht so ist. Sie benötigen – mehr als alle anderen Wesen auf Erden – das Gefühl der Sicherheit. Es interessiert einen Engel herzlich wenig, dass Sicherheit und Zuhause auf der Erde etwas unglaublich Unbeständiges sind. Einem Engel reicht die Illusion von Sicherheit, um sich sicher und geborgen zu fühlen. Engel lieben es, eine Familie zu gründen und sich ein schönes und behagliches Heim aufzubauen. Auch wenn dieses innen marode ist, werden sie den Schein und die Illusion nach außen wahren. Komme, was wolle. Damit ein Engel die irdische Illusion eines heimeligen Zuhauses aufgibt, muss der Leidensdruck enorm sein. Verliert ein Engel dann doch einmal seinen Anker, seine Heimat, sein Zuhause, besteht die konkrete Chance, dass er in Depressionen verfällt oder einer Sucht erliegt. Die Sucht kann sich als Alkohol-, Arbeits-, Drogen-, Sport- oder Vergnügungssucht äußern. So oder so gerät ein irdischer Engel weitaus häufiger in eine Sucht, als dies Lichtwesen tun. Engel haben einen unschönen Hang zur Selbstzerstörung auf der Erde. Es bringt ihnen selbstverständlich nichts, denn verlassen sie aufgrund einer Sucht die Erde, werden sie umgehend zurückgeschickt, und alles fängt von vorn an. Der Hang, die Erde und alles Irdische abzulehnen, ist sowieso ein nettes kleines Spielchen, das Engel allzu gern und allzu oft betreiben. Sie versuchen hierdurch, die irdische Ebene wenig bis gar nicht zu spüren und schon gar nicht leben zu müssen. Was zur Folge hat, dass Engel ihren Auftrag nicht wahrnehmen, was wiederum zur Folge hat, dass sie mit dem gleichen Auftrag nochmals inkarnieren dürfen.

Das Spiel mit den Krankheiten ist eines, mit dem Engel nur allzu gern liebäugeln und das sie mit kreativer Hingabe beherrschen. Vorwiegend wählen Engel chronische Erkrankungen und nehmen diese in sich auf. Sie wissen nämlich ganz genau, dass ihnen, wenn sie durch eine selbst gewählte drastische Erkrankung die Erde verlassen, postwendend ein neuer Körper zur Verfügung gestellt wird. Praktischerweise bewirkt eine chronische Erkrankung zudem, dass sich die Engel nicht um ihr Seelenheil bemühen müssen.

Der irdische Körper verlangt zu viel Aufmerksamkeit, was dem Engel gerade recht kommt. So erreicht er zwei Dinge: Erstens hat er immer eine Ausrede, wenn es darum geht, sich ernsthaft mit der Erde auseinanderzusetzen. Und zweitens erfüllt er augenscheinlich seinen Auftrag mit aller Kraft, jedoch ist diese Kraft durch die chronische Erkrankung eingeschränkt.

Ausgelöst wird dieses Verhalten dadurch, dass Engel sich nicht wirklich willkommen auf der Erde fühlen und sich ängstigen, ihre wahre Schönheit und Stärke zu präsentieren. Sie versuchen definitiv, sich zu verstecken, obwohl sie gesehen werden wollen. Für die aktive Bewusstwerdung ist es unabdingbar, die Weisheit der Engel aufzunehmen und sie im Kosmischen wie im Irdischen zu leben.

 Übungsimpuls

Für einen Engel ist es wichtig, die Einzigartigkeit der Erde zu erfassen. Eine Krankheit trägt wenig dazu bei, die Schönheit der Erde zu erfahren. Entscheide dich daher, die Erde in ihrer Magie BEWUSST zu erfahren. Schließe hierfür die Augen, und stelle dir vor, wie du einen großen Schritt nach vorn machst, in ein Leben voller Freude und Abenteuer. Dann öffne die Augen, mache tatsächlich einen Schritt nach vorn, und heiße dein Leben willkommen.

Eine weitere effiziente Methode von Engeln, sich nicht mit sich selbst beschäftigen zu müssen, ist schlicht, sich um die Angelegenheiten anderer zu bemühen. Sie lieben es, sich mit den – nach Möglichkeit dramatischen – Schicksalen anderer zu befassen. Je schlimmer, desto besser. Am allerbesten gefällt es ihnen, wenn sie sich ganz und gar diesem Drama hingeben können und womöglich eine signifikante Hilfe für die betroffene Seele darstellen.

Engel suchen sich immer wieder Seelen aus, deren Probleme sie zu ihren eigenen machen können. Sie stehen ihnen mit Rat und Tat zur Seite. Und das so lange, bis der Engel entweder keine Lust mehr hat, da er merkt, dass nichts fruchtet, oder er ein neues potenzielles Seelenwrack entdeckt.

Und dann geht alles von vorn los. Engeln fällt es zugegebenermaßen schwer, loszulassen und Wesen aus aller Herren Seelensphären ihren eigenen Weg beschreiten zu lassen. Auf der einen Seite schauen Engel oft heroisch zu, wie eine Seele in ihr Unglück rennt, und auf der anderen Seite können sie eine Seele nicht loslassen, obwohl diese längst allein weitergehen kann.

TIPP

Bist du dem Helfersyndrom verfallen, gibt es nur eine Methode, es loszuwerden. Frage dich, ob du mit deiner Unterstützung dem Menschen und dem Universum dienst. Bist du ehrlich, wird ein klares Ja oder Nein kommen. Erhältst du ein Nein, stoppe die Hilfe, und stelle dir innerlich vor, wie ihr, dein Gegenüber und du, frei werdet. Beobachte, wie sich das Band, das euch in der Situation hält, langsam auflöst. Zum Vorschein kommt dann ein Band, das euch in Freundschaft und auf gleicher Augenhöhe verbindet.

Engel sind unbeschreiblich kreative Seelen, besonders, wenn es um das Finden von Ausreden geht. Engel lernen schnell und können Dinge, die sie nicht interessieren, komplett aus ihrem Gedächtnis streichen. Sie lieben es, zu tanzen – einige der wildesten Tänzerinnen sind Engelwesen. Engel haben einen speziellen Humor, sofern er nicht auf Kosten von Gott geht, und sie lachen gern und viel. Sie lieben Musik bis zum Ex-

zess und sind manchmal etwas derb in ihrem sprachlichen Ausdruck. Was ihr Erscheinungsbild und ihre Ausstrahlung betrifft, sollte man sie auf keinen Fall mit Elfen verwechseln. Mit Lieblichkeit und filigranem Erscheinen haben die meisten Engel, die ich kenne, nichts zu tun. Wenn ein Engel auf dich zukommt, bemerkst du ihn.

Prinzipiell feiern Engel gern Feste und können eine ganze Kompanie mit ihrem Humor auf Trab halten. Engel können gut Small Talk halten und im nächsten Augenblick in die Tiefe gehen. Als Partner sind sie durch ihre intensiv gelebten Gefühle ab und an ein ganz klein wenig anstrengend, was sie natürlich umso liebenswerter macht. Engel, die Spaß haben, sind unbeschreiblich amüsante Eltern, mit denen man viele Abenteuer erleben kann. Wenn sie keinen Spaß haben … darauf gehen wir jetzt einfach nicht weiter ein.

Auch sind Engel häufig in sozialen Berufen und Projekten anzutreffen. Lässt man ihnen in Bezug auf ihre Arbeit absolute Freiheit, sind sie treue und hilfsbereite Mitarbeiter. Als Chef sind sie darauf bedacht, keinen in seiner Persönlichkeit einzuschränken, was ab und an zu chaotischen Verhältnissen führt. Durch ihre Naivität tappen sie in Fallen, in die kein anderes Lebewesen auf Erden tappen würde – was oft überaus spaßig ist. Sie können unbeschreiblich gut über sich selbst lachen, und meistens nehmen sie sich persönlich nicht so ernst.

Natürlich gibt es Engel, die weder das eine noch das andere leben. Und dennoch, Engel lieben Spaß und Lachen. Sie lieben die Kindlichkeit und versuchen, diese auf die eine oder andere Weise auf der Erde auszuleben. Und sie versuchen, nicht sonderlich aufzufallen, was ihnen jedoch nicht gut gelingt. Sie lieben die Menschen und die Schöpfung.

Bleibt ein letztes Thema: Die Rückkehr der Engel in ihre Sphäre. Der Weg zurück in die Engelsphäre ist für einen Engel – je nachdem, was er erlebt hat – unbestritten ein überaus mühevoller Weg. Gleichwohl will ich keine Panik und Angst verbreiten. Engel werden auf ihrer Heimreise behutsam und liebevoll betreut. Die Seelensphäre Lemurien steht mit seinen Heiltempeln und seinem Heilwissen allen Lichtwesen zur Verfügung. Diese dürfen nach Verlassen ihrer irdischen Hülle sanft in diese Sphäre eintauchen. Für die Lichtwesen ist diese Zeit der Erholung vorgesehen, sie macht ihnen den Heimweg leichter. Doch dieser Weg bleibt Engeln bedauerlicherweise verwehrt. Ihr Transformationsprozess findet auf dem Weg zurück in die Engelsphäre statt. Engel haben demnach keine »Ruhezeit« auf ihrem Heilungsweg, sie müssen während ihrer Heimkehr ihren gesamten Ballast abwerfen. Eine weitere Besonderheit ist, dass eine Engelseele ausschließlich von Engeln nach Hause begleitet werden kann. Naht das Ende der irdischen Inkarnationszeit eines Engels, formieren sich im Kosmos Tausende von Engeln und erschaffen einen gigantischen Energiekanal. Ein großes Team von Engeln bildet einen kraftvollen Heilkanal mitten im Universum, der stets die Farbe des Seraphim trägt, der den Engel zur Erde begleitet hat. Quer durch alle Dimensionen und Ebenen verläuft dieser Kanal und endet direkt in der Engelsphäre. Angefüllt mit unendlicher göttlicher Liebesenergie, ist er ein unbeschreiblich machtvolles und kraftspendendes Energiefeld.

Die Engel der Heimkehr manifestieren sich in ihrer Gesamtheit innerhalb dieses Heilkanals und erwarten freudig ihren Schützling. Ist es so weit, helfen die sphärischen Begleiter dem Engel, sein irdisches Kleid abzustreifen und sich ihnen vertrauensvoll hinzugeben. Verliert der Engel durch einen Unfall plötzlich sein irdisches Kleid, wird von seinen sphärischen Begleitern vorerst ein Energiefeld um seine Seele aufgebaut. Anschließend erschaffen die Engel der Heimkehr rasend schnell einen wundervollen Heilkanal für diesen Engel. Nach dem Herausheben der Seele aus dem Körper wird der Engel erst einmal sanft von seinen Begleitern umhüllt und friedlich getragen. Ein Moment der Ruhe und des Erholens wird ihm gewährt. Unendlich behutsam hält ein Seraphim seinen Schützling »im Arm« und badet ihn in Liebe. Das Herausheben der Seele aus dem Körper und das Ruhen können mitunter eine Woche andauern. Ist dieser erste Schritt vollzogen, wird ein Seraphim die Tore zur Erde für den Engel schließen. Der Engel ist nicht bemächtigt, dies selbst geschehen zu lassen. Ist dieser Prozess abgeschlossen, darf sich der Engel einen weiteren Moment ausruhen.

Sobald die Seele des Engels bereit ist, den Reinigungsprozess zu durchlaufen, wird damit begonnen. Sie wird von allen Energien befreit und muss ihre Handlungen bis ins kleinste Detail betrachten. Seraphim Uriel überwacht den Bewusstwerdungsvorgang und greift beim kleinsten Schatten rigoros ein. Jede Energie, die nicht zum Engel gehört, wird entfernt und von den großen Seraphim in Liebe gewandelt. Dies kann und darf nur innerhalb des Heimkehrkanals geschehen. Der Prozess erfolgt fortlaufend, und der Engel schreitet mit jedem Reinigungsschritt weiter auf die Engelsphäre zu. Ist der Engel vollkommen gereinigt, hat er all seine Erinnerungen an die irdische Inkarnation verloren und kann wieder in die Engelsphäre eintauchen.

STOLPERFALLEN FÜR ERDENENGEL

Das Projekt Erde wird auf feinstofflicher Ebene von vielen Avataren und Seraphim begleitet, um eine positive Entwicklung zu gewährleisten. Doch das Universum enthält nicht nur positive Energieströme, denn unsere Gegenspieler sind ebenfalls kreativ und aktiv.

Die Energie der Illusion ist überaus mächtig auf der Erde und kann sich schnell vervielfältigen, wenn sie von Wesen nicht als solche erkannt wird. Ignoranz ist beispielsweise eine Energieform, die die Energie der Achtsamkeit überdeckt, sofern wir unsere Handlungen dem Zufall überlassen.

Sobald ein inkarnierter Engel beginnt, negative Gefühle zu leben oder negative Handlungen auszuführen, übernehmen diese Energien das Zepter und führen den Engel immer tiefer in die Abgründe der Abhängigkeit. Beispiele sind: Mangeldenken, Neid, Konkurrenz, Hass, Missgunst, Opfer- sowie Täterrolle, Bewertung, Geltungssucht, Angst,

Berechnung, Gier und so weiter. Diese Gefühle verteilen sich bis in die allerkleinsten Winkel unserer wundervollen Erde und durchdringen alles und jeden, Engel und Lichtwesen sowie Tierseelen und ebenfalls Pflanzen. Dadurch erliegen wir dann mitunter heftigen Stimmungsschwankungen. So kann es geschehen, dass ein Engel von einem Augenblick zum anderen zwischen himmelhoch jauchzend und zu Tode betrübt schwankt. Im Alltag sind wir alle, Engel wie Lichtwesen, nicht immer zu 100 Prozent achtsam. Ein kleiner Augenblick der Unachtsamkeit kann ausreichen, schlechten Gefühlen in uns Raum zu geben.

Diesen Gefühlen und Energien erliegen jedoch nicht nur Engel, sondern in unterschiedlichem Ausmaß alle Wesenheiten im Universum. Die Ausdrucksform dieser wenig positiven Gefühle oder Energien unterscheidet sich jedoch in den einzelnen Sphären unserer Energiezentren. So, wie Menschen ein individuelles Aussehen haben, so haben diese Energien ebenfalls ein differentes Erscheinungsbild. Diese Tatsache macht es für positiv gestimmte Engel nicht unbedingt leichter, sie auf Anhieb zu erkennen. Oft geben sich Engel schneller der Verlustangst oder der Verzweiflung hin, als es ihnen bewusst ist. Ein gutes Beispiel, um dies zu veranschaulichen, ist die Energie der Süchte. Unterliegt ein Engel in Menschengestalt ihr, dreht er sich im Kreis, ohne einen Ausgang zu finden. Er wird seine Sucht nicht überwinden, sofern er die Energie nicht klar als solche erkennt und selbstständig den Willen aufbringt, diesen Kreis zu durchbrechen. Da der Engel auf der Erde versucht, das irdische Spiel mitzuspielen, erkennt er die Gefahren dieses Spiels in der Regel zu spät.

Am Beispiel »Sport« lässt sich dies gut verdeutlichen: Ein Engel betreibt Sport, weil das gut für den Körper ist. Mit seinem inneren Wunsch, zu dienen – in diesem Fall seinem Körper –, wird er den Sport exzessiv betreiben, ohne sich dessen bewusst zu sein. Er erkennt das Maß nicht, das das Training braucht, um heilsam zu wirken.

Das Projekt Erde ist in sich geschlossen, sprich: Nichts auf der Erde löst sich einfach so in Luft auf oder kann mal schnell ins Universum gesendet werden. Im Umgang mit Transformationsprozessen dürfen wir alle lernen, achtsam zu sein und nicht der Illusion zu erliegen, dass die transformierte Situation oder Energie sich »schwups« ins Universum verabschiedet! Jegliche irdische Schwingung wird an Michael, der mit seiner Energie über dem irdischen Matrixfeld liegt, abprallen. Michael umhüllt die Erde wie ein Schutzmantel und kontrolliert alle Energien, die im Matrixfeld »transformiert« werden.

Etwas loszuwerden, bedeutet nicht, es aus den feinstofflichen Körpern zu schmeißen. Eine Hürde zu überwinden, bedeutet, sie in sich zu erkennen und zu wandeln. Werfen wir die Energie einfach aus unserem eigenen Energiefeld, wird ein anderer sie übernehmen müssen.

Wie wäre sonst die momentane Weltsituation zu erklären? Etwas einfach mal schnell ins Universum zu geben und fernab der Erde zu transformieren, funktioniert schlichtweg nicht.

Engel mit einem positiven Auftrag oder positiven Lebensplan werden gleichermaßen von diesen Negativströmen durchflutet, so, wie der Liebesstrom auch negativ denkende Wesen durchflutet. Der Unterschied besteht darin, dass die bewusst fühlenden Engel, also diejenigen, die auf der Erde erwacht sind, die Negativenergie durch sich hindurchfließen lassen, ohne sie anzunehmen. Was nicht bedeutet, dass die Engel sie ignorieren, sie geben ihnen einfach keine Nahrung. Nun, wie du wahrscheinlich weißt, erliegen die Engel ab und an gleichfalls der Negativfrequenz. Wir sind zwar alle vollkommen, jedoch nicht perfekt. Zudem ist Luzifer sehr einfallsreich.

Jeder Engel hat vom ersten Moment an seine ureigene Kraft und Schönheit. Erschaffen in der Einheit, ergoss sich der Engel aus dem Herzzentrum der Göttlichkeit in die Einheit, weiter ins Universum und bei einer Inkarnation auf die Erde. Die Energie eines Engels berührt selbst die hintersten Winkel unseres Universums. Sie hält nirgends an, das Bewusstsein des Engels ist immer in Bewegung, besonders, wenn er auf die Erde inkarniert.

Alles, wirklich alles, wird von der Energie des Engels auf der Erde durchflutet. Das bedeutet, dass seine Seelenkraft auf der Erde Einfluss auf die Entwicklung der Menschheit nimmt! Jedoch geschieht dies bedauerlicherweise in beide Richtungen. Ein Wesen, das negative Energie ausstrahlt, berührt demnach ebenso das gesamte Universum und unsere Erde. Einen Engel treffen diese Ströme unvorbereitet, und bis er sie erkennen kann, ist es oft zu spät, und er ist bereits in der Opferrolle gefangen.

Eventuell bekommst du in diesem Augenblick eine Vorstellung davon, welche Kraft dir innewohnt und wie wichtig es ist, dass du eine positive Energie lebst, bzw. wie fatal es ist, lebst du eine negative Energie (zum Beispiel Mangeldenken). Egal, ob du ein Engel bist oder nicht.

Die Matrix der Erde ist ein intensives Prüfungsfeld für alle inkarnierten Seelen, genauso wie für deren geistige Begleiter. Die Liebesenergie der göttlichen Schöpferquelle dringt oft genug eher spärlich durch die Ummantelung der Erdmatrix, die Seraphim Michael und Seraphim Luzifer halten. Daraus entstehen für Engel viele menschliche Verstrickungen, und sie können oftmals die irdischen Illusionen erst zu spät oder gar nicht erkennen. Diese Gebilde haben sowohl auf ihren materiellen als auch auf ihren ätherischen Körper weitreichenden Einfluss. In ihren ätherischen Körpern zeigen sie sich häufig als psychische Erkrankung. In ihrem materiellen Körper können sie sich als irdische Krankheiten manifestieren und das menschliche Dasein zur Qual werden lassen.

Ich bin nicht der Meinung, dass alles seinen Sinn hat und für etwas gut ist. Wozu sollte Schmerz gut sein? Würden wir unsere Lernschritte freiwillig in Freude über unsere Entwicklung vollziehen, gäbe es keine Krankheiten. Wir bräuchten keinen Schmerz, da wir uns der Entwicklung hingebungsvoll zuwendeten. Dies gilt im gleichen Maß für Engel und für die gesamte Schöpfungswelt.

Natürlich haben wir einen Gegenspieler, dem es ungemeine Lust und Befriedigung beschert, uns in Disharmonie zu sehen. Engel werden in diesen Augenblicken, nehmen sie sein Spiel an, für ihn zu einem wundervollen Spielball ihrer menschlichen Gefühlswelt.

Je tiefer sich die Illusion in das Bewusstsein des Engels ergießt, desto tiefer greift sie in seinen Energiekörper ein und hinterlässt in all seinen ätherischen Körpern Risse und Löcher. Das kann bedauerlicherweise dazu führen, dass die äußere Ummantelung wie zum Beispiel unser Sternen- oder Seraph-Körper komplett zerstört wird. Sollte das geschehen, muss die Inkarnation abgebrochen werden.

Das ist ein drastisches Beispiel, das die letzte Konsequenz aufzeigen soll, erliegt ein Engel den Illusionen der Negativität. In der Praxis erhält der Engel, damit es erst gar nicht so weit kommt, reichlich Unterstützung von seinen geistigen Begleitern und seinem persönlichen Schutzengel.

Engel aus der Matrix der Luzifer-Energie unterliegen dieser Gefahr auf der Erde nicht. Ihre Körper unterscheiden sich im Aufbau von den ätherischen Körpern. Ein Engel mit einem hoch entwickelten Bewusstsein kann sofort erkennen, aus welchem Energiefeld ein Engel inkarniert ist. Die Gefahr für »negative« Engel liegt darin, dass sich diese Engel von der göttlichen Liebe berühren lassen und sich den liebenden, freien Energien zuwenden. Das ist natürlich nur für unsere Gegenspieler eine Gefahr, für uns bedeutet es pure Freude.

Dieser Vorgang entspricht dann aber einer bewussten Handlung, und Luzifer muss diese Engel in die Lichtreiche ziehen lassen, sofern sie ihr Bewusstsein freiwillig der liebevollen Schöpfung zuwenden. Ist dies der Fall, ist Luzifer machtlos.

Doch am Ende geht es doch nicht ums Gewinnen oder Verlieren, sondern allein um Bewusstwerdung. Alles hat Raum im Universum, und Engel wie Lichtwesen dürfen eigenverantwortlich ihren Weg wählen. Obwohl die Engel keinen freien Willen besitzen, unterliegen sie bei ihrer Inkarnation auf die Erde dem gleichen Prinzip des Vergessens wie die Lichtwesen. Hier ergibt sich ein minimaler Raum für den freien Willen, denn auch ein Engel muss Entscheidungen treffen und Handlungen ausführen. Fällt ein Engel Luzifer anheim, dann geschieht dies nicht aufgrund des freien Willens, sondern durch Verführung und Illusion. Luzifer kennt die Engel gut. Daher sind sie wesentlich gefährdeter, seinen Spielen zu erliegen als andere Seelen.

Luzifer übt eine riesige Anziehungskraft und Faszination auf alle inkarnierten Engel aus. Es kann jedoch auch vorkommen, dass sich ein Engel ganz bewusst für die Luzifer-Energie entscheidet und so seiner inneren

Weisheit, seinem inneren Licht widerspricht. Vielleicht, weil er sie testen will und sicher ist, die Kontrolle zu behalten. Doch auch das ist eine Illusion.

Und: Engel erliegen diesen Illusionen zwar »irdisch«, jedoch sind sie deshalb keine »gefallenen« Engel. Sie lassen sich vielleicht einreden, dass sie schnell und leicht an Geld sowie an irdische und kosmische Macht und dergleichen gelangen. Sie spielen andere Menschen zu ihrem eigenen Vorteil gegeneinander aus. Sie finden Befriedigung, indem sie anderen Seelen körperlichen und/oder psychischen Schmerz zufügen. Diese Engel verdrängen, dass Luzifer immer eine Gegenleistung erwartet und diese erbarmungslos einfordert. Die Engel leben dann Gefühle wie Hass und Neid und bemerken nicht, wie viel Lebensenergie sie das kostet.

Es ist nicht meine Absicht, Ängste zu schüren, doch sollten wir uns bewusst sein, dass diese Energien überall vorhanden sind und sie auf der Erde eine Seite der Polarität darstellen! Der Weg zurück zu seiner wahren Natur wird für einen Engel, der der Energie Luzifers erliegt, ein äußerst schmerzhafter werden.

So faszinierend diese Seite der Polarität mitunter erscheinen mag, ein Engel wird ihr nicht erliegen, achtet er auf seine Gedanken und Handlungen. Lebt der Engel im Einklang mit seiner wahren Seele, wird er eventuell ab und an ein wenig Klatsch und Tratsch genießen und doch die Grenzen zum Negativen jederzeit klar und deutlich erkennen.

Genießt der Engel die Schönheit und ist er darauf bedacht, jedem Wesen mit Respekt zu begegnen, kann Luzifer seine Hand nicht nach ihm ausstrecken, obwohl er für Luzifer immer interessant sein wird. Doch was geschieht, wenn ein Engel dieser Versuchung erliegt?

Nach Verlassen des materiellen, menschlichen Körpers kehrt der Engel, der sich auf Erden der dunklen Seite der Polarität hingegeben hat und sich nicht von ihrer Macht trennen will, nicht in die Engelsphäre zurück. Er verweilt in einer Zwischendimension, die durch Energieströme eng mit der Erde verbunden ist. Nach einiger Zeit muss sich der Engel entscheiden, wo er künftig existieren will. Vereinzelt kann es geschehen, dass der Engel noch immer so tief in der Illusion verwurzelt ist, dass er trotz aller Hilfestellung seitens seiner Begleiter weiterhin Luzifers Illusion frönt. Dann wird der Engel eine geraume Zeit in der Sphäre der Negativität verharren, bis ihm klar wird, dass kein Engel und auch sonst keine Seele dort sein sollte. Ist er an diesem Punkt angekommen und sendet aktiv den Willen zur Rückkehr auf die Lichtseite, erhält er sofort Unterstützung von allen zur Verfügung stehenden Seelen.

Glücklicherweise ist es für Engel durch ihre Anbindung an die Engelsphäre und die dort existierenden Seelenanteile leichter, auf die Lichtseite zurückzufinden, als Luzifer und seiner Sphäre vollkommen zu erliegen. Dennoch obliegt die Entscheidung, diesen Schritt zu tun, dem Engel selbst. Niemand kann eingreifen und den Engel retten, sollte er der Luzifer-Illusion vollkommen erliegen. Das Tauziehen in der Zwischendimension dauert so lange an, bis der Engel seine Verfehlung in allen Bereichen erkennt.

Engel sind sehr freiheitsliebend und fühlen sich schnell bedrängt. Die geistigen Begleiter indessen interessiert dies herzlich wenig, weshalb sie immer mehr Druck auf den Engel ausüben werden. Sie werden ihn mit der Kraft der Liebe umhüllen. Lässt sich der Engel nicht von dieser Liebe berühren, muss er so lange Luzifer dienen, bis er dessen Illusion durchschaut.

Entscheidet sich der Engel bewusst für Luzifers Sphäre, aus welchen Beweggründen auch immer, wird er nicht daran gehindert, und seine geistigen Begleiter lösen sich sanft von ihrem Schützling. Hat der Engel genug Erfahrung im Land der Illusion gesammelt, darf er aus eigenem Antrieb den Weg zurück in die Lichtreiche finden.

Ein weiterer Stolperstein für inkarnierende Engel sind die bereits erwähnten irdischen Süchte. Sie stellen ein extrem großes Problem dar, das in unserer Gesellschaft absolut unterschätzt wird. Etliche Süchte werden gebilligt oder sogar als positiv angesehen, zum Beispiel Sport oder das Sammeln von Gegenständen. Einige Süchte werden im Allgemeinen von der Gesellschaft akzeptiert und entsprechend offen gelebt. Hier sind zu nennen: Ess-, Alkohol-, Nikotin- oder Kaufsucht. Die Engel erliegen zudem oft der Liebessucht. Die Liste der Süchte ließe sich unendlich fortsetzen.

Irdische Gefühle überrollen Engel und verwirren ihre Sinne dermaßen, dass sie ihren Auftrag unter Umständen nicht erfüllen können. Sollte dies der Fall sein, hat das ernsthafte Konsequenzen für den Engel. Drama und Verzweiflung hüllen ihn ein und treiben ihn in die Depression. Das kann bis zum Selbstmord führen. Der Engel verliert auf der Erde sein Gespür für sich und Gott, und er verliert sich ganz in der Menschlichkeit. Das ist ein Grund, warum Engel leichter einer Sucht erliegen als der Rest der Schöpfung. Durch die zunehmende Vereinsamung der Bevölkerung und der darin lebenden menschlichen Engel lassen sich Süchte unglaublich leicht verstecken. Prinzipiell ist es gleich, ob Süchte offen oder versteckt ausgelebt werden, sie beinhalten immer die gleiche Energiestruktur! Die Gefahr, die von Süchten ausgehen, bleibt, egal, ob diese akzeptiert und toleriert, abgelehnt oder bestraft werden. Eine Sucht verwirrt unsere Sinne. Was folgt, ist die Bewusstseinsminderung aller Seelenanteile.

Heben wir unser Bewusstsein im Universum auf das höchstmögliche Niveau, handeln wir im Einklang mit der göttlichen Schöpferquelle. Der freie Wille ist dann nicht mehr existent. Sind wir auch auf der Erde im Einklang mit uns und allem, was existiert, entsteht pure und allumfassende Liebe. Leben wir als Menschen die göttliche Liebe, verflüchtigt sich die Energie des freien Willens ins Nichts. Das erfahren alle Seelen, die die zwölfte Dimension erreicht haben.

Falls du ein Engel bist, ist das nicht schlimm. Schließlich gibt es auf der Erde viele atemberaubende Abenteuer zu erforschen, und das geht ohne freien Willen ganz prima.

Trotzdem versuchen viele Engel unablässig, den freien Willen zu leben, und unterdrücken mit dieser Vorgehensweise ihre innere Weisheit in großem Stil. Sie fangen an, nach ihrem Kopf zu handeln, statt auf ihr Herz zu hören. Hierdurch verlernen die inkarnierten Engel, ihrer Intuition zu vertrauen, was wiederum schwerwiegende Folgen hat, denn sie vergessen zusehends ihre Identität und ihre Aufgabe. Sie werden sich selbst zunehmend fremd. Kann sich der Engel nicht selbst erkennen, erfährt er auch auf der Erde zusehends Ablehnung, die sich auf mannigfaltige Weise offenbart. Dass dies keinem menschlichen Wesen auf Erden Wohlbehagen bereitet, Engel hin oder her, dürfte allen bekannt sein. In der Folge leben Engel ihre Süchte häufig exzessiv aus.

Inkarnierte Engel kommen somit offensichtlich wesentlich schlechter mit irdischen Inkarnationen zurecht als Lichtwesen. Ausnahmen bestätigen natürlich die Regel, und vielleicht bist du diese Ausnahme.

Versucht ein inkarnierter Engel, sich der Gesellschaft anzupassen, endet dies meist in einer persönlichen Katastrophe. Im Plan Gottes ist nicht vorgesehen, dass sich eine Wesenheit verbiegt, um von anderen Wesenheiten akzeptiert zu werden, egal, ob Engel oder Lichtwesen. Jedes Wesen strebt danach, seine Liebe vollumfänglich zu leben, und wird hierfür entsprechende Maßnahmen ergreifen. Zu lieben, ohne dass wir uns verstellen müssen, ist unser aller Geburtsrecht in Gott und somit auch in unserem Universum. Hierbei kann es inkarnierten Engeln sehr leicht passieren, dass sie auf der Erde über das Ziel hinausschießen und sich auf diesem Weg vollkommen verlieren. Ein Grund hierfür mag sein, dass sie schlicht noch nicht viele irdische Inkarnationen erlebt haben und ihnen die entsprechenden Erfahrungen fehlen.

Eine weitere Gefahr für das Seelenheil der Engel sind ausgeprägte Egomachtspiele. Wer ist nicht gern der King oder die Queen? Unsere Neigung, etwas Besonderes sein zu wollen, wird von den meisten Seelen auf die eine oder andere Art gelebt. Prinzipiell ist dies nichts, was schadet. Im Gegenteil: Es bringt unbeschreiblichen Spaß und fördert die Schöpferkraft. Gerade Kinder sollten sich häufiger solchen Fantasien hingeben, in denen sie Superhelden sind.

Bei Engeln haben solche Spiele jedoch häufig negative Folgen. Nicht nur für den Engel selbst, sondern bedauerlicherweise auch für sein direktes und für das indirekte Umfeld. Wie bereits erwähnt, wirkt JEDE Seele auf der Erde im gesamten Matrixfeld von Gaia. Egospiele haben eine wesentlich höhere Auswirkung auf unser sensibles Seelen-Energie-Gefüge als andere Energieformen. Daher bitte ich dich: Gehe mit deinen Gedanken und Handlungen und deiner Umwelt im Allgemeinen achtsam und behutsam um. Ganz besonders gilt dies für die Engel unter euch. Lebt ein Engel mehr Liebe im Ego als in seiner Göttlichkeit, können daraus schnell Begehren und Gier werden. Diese Wandlung vollzieht sich bei inkarnierten Engeln hundertmal schneller als bei anderen Wesenheiten. Ehe der Engel bemerkt, was wirklich mit ihm geschieht und welche Konsequenzen sein Verhalten hat, steckt er schon mitten im Geschehen. Der Ausstieg aus diesem Spiel stellt in alltäglichen irdischen Situationen kein Problem dar, wird sich der Engel seiner Handlung und deren Auswirkung bewusst. Anders verhält es sich, wenn der Engel seine egoistischen Handlungen massiv steigert und seinem Ego mit vollem Bewusstsein unendlichen Raum einräumt. Durch dieses Verhalten gefährdet der Engel seine gesamte Seele dahin gehend, dass Luzifer ungehinderten Zugang in sein Energiesystem (ätherischen Körper) erhält. Die Folgen sind klar: Willkommen in Luzifers Sphäre.

TIPP

Je höher die Energie der Erde schwingt, desto schwerwiegender sind die Auswirkungen für uns, sollten wir der Illusion Luzifers anheimfallen. Sei achtsam, wie und aus welchen Motiven du handelst. Gleich, ob du nun ein Engel oder ein Lichtwesen bist.

Zweifellos sind diese Geschehnisse ausgesprochen selten, der Vollständigkeit halber seien sie hier trotzdem erwähnt. Gleichzeitig hat sich die Verführung ausgebreitet, und die Engel erliegen der Illusion in einem höheren Ausmaß.

Unser Alltag hält uns oft mit allerlei Herausforderungen auf Trab, und wir sind damit beschäftigt, unser Leben auf der Erde spannend und glücklich zu gestalten. Es gilt, Spaß zu haben, im Job Hürden zu überwinden, Familienangelegenheiten zu regeln, Rechnungen zu zahlen und Entscheidungen zu treffen … Die Liste der irdischen Ablenkungen ist unendlich, und es ist unschwer zu erkennen, wohin uns dieser Weg führt.

Es geht mir bei dieser Beschreibung darum, dir klar aufzuzeigen, was geschehen könnte, wenn wir nicht endlich zu unseren Wurzeln zurückkehren. Natürlich machen es die Engel Luzifer nicht ganz so leicht. Alle Engel werden von bezaubernden und liebevollen Schutzengeln begleitet, die ein Auge auf ihre Schützlinge und deren Handlungen haben. Die Aufgabe der geistigen Begleiter ist es, ihren Zögling auf Kurs zu halten und gegebenenfalls einzuschreiten, treibt er es allzu wild und heftig.

Falls du ein Engel bist, entspanne dich, und genieße dein Dasein auf der Erde in vollen Zügen. Lebe, was du bist: die paradiesische Wurzel allen Seins, GÖTTLICHE LIEBE.

Genau wie Lichtwesen, Tierwesen, Pflanzenseelen, Kristallwesen und, und, und. Wir kommen alle aus der gleichen Energie: dem Göttlichen.

Werfen wir zum Abschluss noch einen Blick auf die andere Seite der inkarnierten Engel, die sich in ihrer wundervollen Art, die Kindlichkeit und die Naivität auf der Erde zu leben, zeigt. Vielen Engeln auf Erden ist nicht bewusst, dass sie Energien zur Verfügung stellen, die es allen Wesen auf der Erde erlauben, aus ihrem Schmerz und ihrer Negativität auszusteigen. Leben Engel mit sich im Einklang, strahlen sie eine unglaublich warme und herzliche Energie aus, in der sich jeder wohlfühlt. Gelingt es einem Engel, seiner Bestimmung zu folgen, wird er seine Familie und/oder sein Umfeld herzlich zusammenhalten und allem und jedem eine liebevolle Stabilität verleihen. Seine Energie wird wie nebenbei allen Seelen in seinem Kreis das Leben erleichtern und den Blick auf das Schöne ausrichten. Schaffen wir es gemeinsam, die Illusion zu durchbrechen, steht dem Paradies auf Erden nichts mehr im Wege.

Tipps und Übungen
für deinen Alltag mit Engeln

Die Energie der Engel im Alltag zu nutzen, bereichert das irdische Dasein ungemein. Engel nehmen unsere Einladung, an unserem Leben teilzunehmen und, wenn nötig auch, einzugreifen, gern an. Schließlich sind sie mit uns auf die Erde gekommen, um sich aktiv einzubringen. Viele Menschen erstarren vor Ehrfurcht vor den Engeln, doch dafür gibt es keinen Grund. Sie sind an unserer Seite, um zu helfen, und nicht, um zu bewerten! Die Engel sind immer darauf bedacht, uns mit ihrer Macht nicht einzuschüchtern oder uns zu erschrecken. Vielleicht bis auf wenige Ausnahmen, bei denen Engel der Meinung sind, dass eine kleine Schocktherapie Wunder bewirken könnte. Ungeachtet dessen, versuchen es die Engel immer zuerst auf sanfte Weise. Allerdings sind Engel in der sanften Kontaktaufnahme nicht immer erfolgreich. Bedauerlicherweise habe ich diesbezüglich schon des Öfteren als Versuchskaninchen herhalten müssen. Besonders die Seraphim erscheinen mit einer so intensiven Präsenz, dass es einem den Atem verschlägt. Bei ihrer ersten Berührung erschrecken wir Menschen meist. Es nützt jedoch nichts. Wollen wir mit den sphärischen Engeln zusammenarbeiten, müssen wir in der einen oder anderen Form mit ihnen Kontakt aufnehmen und diesen liebevoll pflegen. Den Zeitpunkt der Kontaktaufnahme wählen vorwiegend die Engel aus.

TIPP

> Falls du ein wenig erschrickst oder vielleicht in Panik verfallen solltest, wenn du in Kontakt mit Engeln kommst, macht das nichts. Ich versichere dir, die Panik legt sich und du wirst bezaubernde Gespräche und Lehrstunden mit diesen herrlichen und glanzvollen Wesen verbringen.

Ich bin sehr sicher, dass du schon viele Male Kontakt zu deinem Engel hattest. Es ist möglich, dass es dir in diesen Momenten nicht bewusst war. Du hast dich vielleicht gewundert, wie alles so wundervoll und ganz von selbst zusammenpasste. Die Engel amüsieren sich sehr über diese vermeintliche Einfältigkeit. Glauben wir doch tatsächlich, dass wir alles allein zustande gebracht hätten! Zumeist lassen sie uns in diesem Glauben.

Bedauerlicherweise gibt es aber auch den anderen Fall: Du hast dich redlich bemüht, alles gegeben und sämtliche Hebel in Bewegung gesetzt, doch das Resultat war eine völlige Pleite. Das gibt es, ja, leider. In diesen Augenblicken überwältigt einen das Gefühl des totalen Alleinseins. Wir können es drehen und wenden, wie wir wollen, nichts geht mehr. Auch in solchen Momenten haben unsere Begleiter aus den höher schwingenden Sphären immer ihre Energie im Spiel. Der Grund: Wir erliegen nur allzu oft der Illusion, zu wissen, was für uns selbst das Allerbeste ist.

Die Möglichkeit, dass die Meinungen unseres Selbst und der Engel galaktisch, gigantisch weit auseinanderdriften, ist vorhanden bis sehr wahrscheinlich. Besonders, wenn einer deiner Lernschritte ansteht. Bedauerlich für die Engel, denn: Um uns bei diesen Lernschritten zu unterstützen, brauchen sie unser Einverständnis. Ohne das geht nämlich nichts. Sie dürfen auf keinen Fall eingreifen, sofern wir ihnen dies nicht bewusst erlaubt haben oder bei den Engeln um Hilfe bitten. Sie dürfen unseren Aufwachprozess einleiten, mehr jedoch nicht.

Natürlich gibt es Ausnahmen: Schweben wir in Lebensgefahr und ist der Zeitpunkt unserer Rückkehr in die Lichtreiche noch nicht erreicht, dürfen sie auch ohne unser Einverständnis handeln.

Für jede weitere Unterstützung und Handlung, die sie dir angedeihen lassen, benötigen sie deine Erlaubnis. Engel würden gegen das Gesetz des freien Willens des Menschen auf der Erde verstoßen, hielten sie sich nicht daran. Da die Engel jedoch direkt aus der göttlichen Herzquelle kommen und so den göttlichen Willen leben, respektieren sie die göttlichen, kosmischen Gesetze vollkommen. Manchmal erfährt das Gesetz eine leichte »Raumkrümmung«, wird also etwas weiter ausgelegt, als es gedacht war. Dennoch geschieht alles nur zu deinem Besten. Würden die Engel bei ihrer Arbeit mit uns nicht erschreckend oft am Rande der Verzweiflung schweben, gäbe es dies nicht.

Optimal wäre, sie gäben Tipps und wir befolgten sie. Ein frommer Wunsch seitens der Engel, betrachten wir unsere aktuelle Weltsituation. Die Engel haben ihre Aufgabe angenommen, wenn auch nicht freiwillig, so doch mit vollkommener Hingabe. Zumindest sind wir uns darüber einig, dass Engel es genauso schwer mit uns haben wie wir mit ihnen.

Welcher Engel uns zugeteilt wird, hängt ganz davon ab, welche Aufgaben und Lernschritte wir uns für die Inkarnation ausgesucht haben. Und natürlich davon, was der Engel selbst erfahren will. Wie auf der Erde gibt es bei den Engeln ebenfalls Spezialisten. Und ja, es gibt sie, die Engelhierarchie, und sie kommt hier ganz entscheidend zum Tragen. Wie oben, so unten. Oder wie unten, so oben. Falls du der Meinung warst, dass du die irdischen Systeme hinter dir lassen kannst: Dem ist nicht so.

Schutzengel sind zumeist die fortgeschrittenen Lehrlinge. Entschuldige, so ist es nun einmal, jeder fängt ganz unten an und erhebt »learning by doing« sein Bewusstsein. Dein Lebensplan erfordert es, dass dein Engel bestimmte Situationen für dich bereitstellt. Andernfalls hättest du es schwer, deinem Lebensplan zu folgen. Dein Engel wird dir durch Gefühle, Intuition, ein Buch, Musik, ein Bild oder einen anderen Menschen Informationen liefern, die dich berühren. In welcher Form und mit welcher Intensität das geschehen wird, entscheidet wiederum der Engel selbst. Engel haben nun mal einen individuellen Charakter, daran gibt es nichts zu rütteln. Und so ist die Art, wie ein Engel dich unterstützt, ganz auf dich und den Engel abgestimmt.

TIPP

Es gibt keine allgemeine Gebrauchsanweisung, wie du mit deinem Engel in Kontakt kommen kannst. Probiere einfach aus, was deinen Engel anspricht, und beobachte, was dich anspricht. Dann werdet ihr ganz bestimmt zueinanderfinden.

Viele Erwachsene denken nicht daran, mit ihrem persönlichen Engel zu kommunizieren. Das macht es natürlich für beide Seiten nicht einfach. Der Engel ist jederzeit bereit, in Kontakt mit dir zu treten. Öffne deine menschliche Sichtweise, und stelle dir verschiedene Möglichkeit vor, mit deinem Engel zu sprechen. Das ist vollkommen ausreichend. Mehr Erlaubnis braucht der Engel nicht.

Die Engel umhüllen uns Tag und Nacht. Sie bemühen sich, uns auf Kurs zu halten. Was sicher, gerade heute, nicht einfach ist. Engel, wie auch du selbst, wollen die Inkarnation auf Erden voll ausleben. Dazu gehört auch, dass wir einen Eindruck von der Aufgabe erhalten, die wir uns selbst gestellt haben. Dass wir unseren Weg finden, ist die Aufgabe unseres Engels. Er bringt ständig Situationen in dein Leben, die wichtig für deine Lektionen sind. Dies kann sich recht mühsam für euch beide gestalten. Dein Engel hat jedoch den Überblick und kennt die Schrittabfolge deiner Lebensaufgabe.

Beispiele für die Kontaktaufnahme von deinem Engel:

- Du liest ein Buch, in dem du eine Antwort findest, die du schon lange gesucht hast.
- Menschen sagen einen Satz, der dich zum Nachdenken oder Umdenken bringt.
- Du liest eine Botschaft auf einer Reklametafel.
- Dir fällt ein bestimmtes Wort in einer Zeitung ins Auge.
- Du hörst einen Satz in einer Fernsehsendung.
- Die Melodie eines Musikstücks berührt sich besonders.
- Du hast einen Traum.
- Ein Geruch fällt dir besonders auf.
- Ein Gefühl überkommt dich.
- Du spürst eine Berührung.

Du siehst, es gibt unzählige Möglichkeiten für deinen Engel und dich. Das Einzige, worauf du vorbereitet sein solltest, ist die Möglichkeit, dass es geschieht. Offenheit, mehr braucht es nicht!

Vergiss die Vorstellung, dass alles, was dir geschieht, Zufall ist. Du hast einen Lebensplan, und der ist kein Zufall, ebenso wenig, wie du ein Zufall bist. Dein Lebensplan wurde von dir und deinem Engel penibel genau ausgearbeitet.

Falls du einmal das Gefühl bekommst, du schaffst es nicht allein, dann bitte deinen Engel um Hilfe. Es kann vorkommen, dass dir dein Engel nicht helfen kann, jedoch wird er dann immer bestrebt sein, eine andere – oder sogar noch bessere – Lösung zu finden. Höre genau hin, wenn dir ein Gegenüber von Alternativen erzählt. Vielleicht kanntest du bisher nicht alle Fakten, und dir öffnen sich wundervolle Tore, die dein Engel entdeckt hat. Bleibe in jedem Fall für alles offen, und beschränke dich nicht. Denke an die ungeahnten Möglichkeiten, die es auf der Erde gibt.

Bist du in einer schweren Erkrankungsphase, steht dir dein Engel selbstverständlich ebenso zur Seite wie bei einer leichten Halsentzündung. Jedoch bedeutet Heilung nicht immer, dass du irdisch gesund wirst! Es bedeutet, heil zu werden, wie und wo das auch immer sein mag. Bitte sei dir bewusst: Es gibt Seelen, die den Heilungsweg über das Sterben wählen.

TIPP

Benötigst du Hilfe bei der Bewältigung alltäglicher Geschehnisse, hilft eine kurze morgendliche und abendliche Verbindung mit deinem Engel ungemein. Setze dich hin, und denke an deinen Engel. Stelle dir vor, wie er dich umarmt. Das wird dir Ruhe bringen und dir helfen, zu entschleunigen.

Bevor du den Kontakt zu Engeln aufnimmst, noch eines: Ich rate dir absolut davon ab und warne eindringlich vor der Kontaktaufnahme zu Luzifer! Ich werde es dir nicht verbieten, das liegt nicht in meiner Macht. Die Menschen agieren, was den Umgang mit Luzifer angeht, in den letzten Jahren immer »unbedarfter«, und das ist es, was Luzifer anstrebt. Wir sollen seine Gefährlichkeit und seine Illusionen unterschätzen. Luzifer ist KEIN Spiel. Luzifer-Energie entsteht auch nicht, wie viele meinen, aus uns selbst heraus, weil wir so handeln und denken, wie wir eben handeln oder denken. Ganz und gar nicht. Luzifer ist eine reale, materielle und kosmische Seele in unserer Ebene und darüber hinaus. Vergiss das niemals. Er ist und bleibt ein Seraphim ohne Liebe. »Schrecklich schön« beschreibt ihn ganz gut. Er hat ein vollkommenes Bewusstsein, doch leider kein Herz! Du wirst ihm in jedem Fall unterliegen, nimmst du absichtlich Kontakt zu ihm auf!

Mein Tipp: Hände weg von Luzifer!

Hier einige weitere Tipps, die dir helfen können, die Energien der Engel intensiver zu fühlen.

Sorge für eine ungestörte Atmosphäre: Bei Lärm und andauernden Unterbrechungen wirst du dich schwerlich konzentrieren und Kontakt mit den Engeln aufnehmen können.

Suche dir einen bequemen Platz, und nimm eine angenehme Position ein: Alle Positionen sind gleichwertig. Du kannst dich hinlegen oder einen Handstand vollführen. Deinem Engel ist alles recht. Der Erfolg hat nichts mit deiner Position zu tun, sondern mit deiner Konzentration. Denke daran, dass ein Kontakt längere Zeit in Anspruch nehmen kann, und sorge daher für eine bequeme Position.

Iss etwas: Es ist von Vorteil, vor der Übung eine Kleinigkeit zu essen. Oder anders ausgedrückt, ist es unvorteilhaft, während der Übung eine Heißhungerattacke zu bekommen. Das bringt dich aus dem Konzept. Den Engeln ist es übrigens gleich, was du isst.

Komme zur Ruhe: Sofern du in Wallung bist, vergiss alle Übungen, die mit Meditation zu tun haben. Bitte deinen Engel, dich, wo immer du willst, zu berühren. Beispielsweise am Herzen, an den Händen oder an der Schulter. Eine gute Grundübung, um zügig zur Ruhe zu kommen, ist Folgende: Halte deine Hand, gleich welche, mit der Innenfläche zu dir zeigend über deinen Kopf. Fahre mit einem kleinen Abstand zum Körper behutsam mit dieser Hand deine vordere Körperseite hinunter. Wiederhole dies drei- bis fünfmal. Diese Übung ist überall durchführbar und hilft in Sekundenschnelle.

Öffne dein Drittes Auge: Das Dritte Auge liegt direkt zwischen deinen Augenbrauen und hat einen Durchmesser von 1–30 Zentimeter. Das Dritte Auge stellt unsere Sicht in die geistige Ebene dar. Stelle es dir als ganz normales menschliches Auge vor. Fällt dir die Vorstellung schwer, benetze dein Drittes Auge mit etwas Wasser. Wenn die Stelle trocknet, fühlst du dein

Drittes Auge. Der einzige Unterschied zwischen dem Dritten Auge und unseren physischen Augen besteht darin, dass das Dritte Auge sowohl nach innen schaut als auch nach außen.

 Übung

Schließe deine Augen. Stelle dir dein spirituelles Auge zwischen deinen Augenbrauen vor. Betrachte es. Ist es geschlossen? Falls ja, versuche dir bildlich vorzustellen, wie du dein spirituelles Auge öffnest. Hebe achtsam dein Augenlid an. Funktioniert dies nicht sofort, macht das nichts. Lasse dir Zeit. Wiederhole diese Übung mindestens drei Wochen lang jeden Tag. Sie ist bei allen Gelegenheiten anwendbar und macht Spaß.

Du kannst dich jederzeit mit einem Engel verbinden. Sobald du den Namen eines Engels innerlich oder laut aussprichst, stellst du automatisch eine Verbindung zum Engel her. Der Gedanke an einen Engel erzeugt eine Schwingung, die das Energiefeld für den Engel öffnet. Du kannst dir das vorstellen wie eine Telefonleitung.

Versuche, die Energien der unterschiedlichen Engel wahrzunehmen. Es ist unbeschreiblich faszinierend, wie verschieden die Engel sind. Falls du an manchen Tagen keine gute Verbindung hast, ist das normal. Bitte denke daran, dass du nicht jeden Tag in derselben Stimmung bist. Bleibe gelassen. Der Engel wird jeweils die Energie zu dir senden, die du jetzt im Augenblick am dringendsten benötigst. Bitte erwarte nicht, sofort einen Engel zu sehen. Wenn es geschieht, wundervoll! Geschieht es nicht, auch gut.

TIPP

Wenn sich dir ein Engel zeigt, erhältst du eventuell Botschaften von ihm. Dies können Gedanken, Bilder oder sogar Worte sein. So mancher wünscht sich zwar, die geistige Ebene zu hören, jedoch sage ich dir: Vorsicht! Engel erzählen zumeist nicht das, was wir hören wollen – leider. Aber egal, wie sie Kontakt zu dir aufnehmen, halte in jedem Fall einen Schreibblock und einen Stift bereit, und notiere, was du wahrnimmst. Die Wahrscheinlichkeit, dass du so beeindruckt von der Verbindung bist, dass du etwas vergisst, ist sehr hoch.

Übung

Bitte den Engel, seine Hände auf dein Herzchakra zu legen. Der Engel wird seine reine Energie zu dir senden und in dich hineinfließen lassen. Falls du das Gefühl hast, du willst einem Engel, der mit dir in Verbindung steht, Unterstützung zukommen lassen, kannst du die Übung umdrehen. In dem Fall stellst du dir vor, wie sich der Engel vor dir befindet und du deine Hände auf sein Herz legst. Falls du die Energie des Engels zu einem anderen Wesen, einem Menschen, einer Katze, einem Meerschweinchen, einem Hund oder einem Baum, weiterleiten willst, dann lege deine Hände auf dein Gegenüber, und bitte den Engel, durch dich zu arbeiten.

TIPP FÜR UNTERWEGS

Bist du unterwegs, kannst du jederzeit die Engel bitten, an deine Seite zu kommen. Bist du in Not, reicht ein Gedanke an sie. Lasse dich fallen, und fühle. Die Schwierigkeit besteht hier doch vor allem darin, in diesem Augenblick überhaupt an Engel zu denken.

TIPP: MEDITATION MIT ENGELN

Sofern du dir intensiveren Kontakt zu Engeln wünschst, ist die Kontaktaufnahme mittels Meditation ein wirklich wundervolles Instrument. Sie ist praktischerweise kostengünstig und spart Platz, da man außer sich selbst nichts benötigt. Zudem kann eine mehrfach wiederholte Meditation innere Blockaden auf leichte und nachhaltige Weise lösen.

Du kannst die jeweilige Meditation selbst durchlesen und mit dem meditieren, was dir in Erinnerung geblieben ist. Du kannst sie dir vorlesen lassen oder liest sie selbst in einer Gruppe vor. Alles ist gut und hat seine Wirkung. Ich finde es besonders schön, Meditationen in Gruppen vorzulesen. Ich halte nichts davon, Meditationen in irgendeiner Form zu begrenzen, Freiheit ist viel schöner. Meditationen können überall und zu jeder Tages- und Nachtzeit durchgeführt werden. Sie stören niemanden und entspannen außerdem. Bist du bereit, dich vollkommen auf eine Meditation einzulassen, kann sie wahre Wunder bewirken.

TIPP: MIT DEN SERAPHIM WIRKEN

> Mit den Seraphim zu arbeiten, ist ein erhebendes Gefühl. Sie können jedes Wesen zur Erleuchtung begleiten. Natürlich steht es jedem frei, mit der Energie zu arbeiten, die ihm behagt. Doch die Zeit, in der die bekannten Seraphim im Mantel der Erzengelenergie auf der Erde erschienen, ist vorbei. Die Engel sind bereit, sich mit uns in ihrer vollen Kraft zu beschäftigen. Hierzu braucht es nicht mehr als dein Einverständnis. Sobald du nur ein einziges Mal »Seraphim Michael« sagst, wird er fortan in dieser Energie bei dir wirken. Nutze die Chance, und gib dich deiner Entfaltung ganz hin.

Natürlich ist es möglich, jeden Engel zu rufen, und er wird dich gern auf deinem Weg begleiten. Dennoch ist es vorteilhaft, die Seraphim und ihre Charaktereigenschaften zu kennen: Einen Seraphim Michael zu rufen, wenn du Trost brauchst, ist möglich, jedoch wenig sinnvoll. Er ist ein Krieger und kein Tröster. Auch Seraphim besitzen ihre individuellen Stärken, und es ist wundervoll, nutzt du ihre jeweilige Fähigkeit. Die Seraphim stehen dir mit folgenden Energien zur Verfügung:

Michael: Er ist ein Kämpfer und Beschützer. Wenn du Kraft benötigst oder Schutz, ist er der Richtige. Außerdem steht Michael für Klarheit.

Jophiel: Er ist der Lehrer unter den Engeln. Brauchst du Wissen oder willst du leichter lernen, dann bist du bei Jophiel gut aufgehoben. Außerdem ist er sehr humorvoll.

Chamuel: Sie ist Leichtigkeit und Kindlichkeit. Hast du dich in eine Sache verbissen, ist ihre Energie genau das Richtige für dich.

Gabriel: Sie ist die Mutter aller Dinge. Fühlst du dich allein, dann lasse dich von ihr trösten. Außerdem hilft sie bei allen weiblichen Angelegenheiten.

Raphael: Er ist ein Heiler. Benötigst du Unterstützung bei deinem eigenen Heilungsprozess oder bist du ein spiritueller Heiler, dann wende dich vertrauensvoll an ihn.

Uriel: Er ist die Stärke. Benötigst du innere Stärke, egal, wobei, dann bitte ihn zu dir. Beispielsweise bei Erschöpfung, Wankelmut, zu wenig Durchsetzungsvermögen. Uriel prüft zudem die Aufrichtigkeit von Seelen. Bist du unsicher, ob dein Weg der richtige Weg ist, dann frage ihn.

Zadkiel: Er ist ein Wandler. Willst du Dinge in deinem Leben verändern oder etwas loswerden, dann bist du bei Zadkiel gut aufgehoben.

Metatron: Er ist der Strenge. Benötigst du Hilfe, konsequent zu bleiben, für dich selbst oder andere, dann bist du bei ihm genau richtig.

Sandalphon: Er ist der Mutige. Benötigst du Mut, neue Wege ins Unbekannte zu beschreiten, unterstützt er dich auf eine leichte Art.

Nathaniel: Er ist der Ruhige. Bist du aufgeregt oder verlierst du dich in Situationen, dann wird er dir Ruhe schenken.

Haniel: Sie ist geduldig. Wirst du ungeduldig in deinem Alltag, so kann sie dir die Kraft verleihen, abzuwarten.

Muriel: Benötigst du Sanftheit an stürmischen Tagen, so ist Muriel der Engel, der dich unterstützt.

Ariel: Willst du die Wildheit deiner Seele, die Wildheit deines Lebens entfachen, dann ist Ariel dein Engel.

Im Folgenden gehe ich noch genauer auf die einzelnen Seraphim ein.[*]

---

[*] Buchtipp: Chamuel Schauffert: »Die zauberhafte Welt deiner Seelenheimat – Botschaften und Impulse der Seelensphären, Avatare und Seraphim-Engel« (Schirner Verlag, 2018).

SERAPHIM MICHAEL

Führender Engel in unserem Universum, Kriegerengel, Schutz

Energie: Michael steht für Klarheit, Stärke, Autorität und Strenge. Seine Energie ist sehr charmant, liebevoll, behütend sowie beschützend und einhüllend. Er ist direkt und er hält meist an seiner Sichtweise fest. Geduld gehört nicht unbedingt zu seinen Tugenden. Seraphim Michael ist der bekannteste Engel auf der Erde und im Universum. Seine besondere Stellung, auch bei den Engeln, bürdet ihm eine große Verantwortung auf. Er ist eher zurückhaltend und abwartend. Übereilte Handlungen werden wir bei ihm nicht sehen. Er steht jedem Wesen zur Verfügung, jedoch sendet er oft seinen Energiestrahl oder einen Engel, der durch seinen Strahl wirkt. Seraphim Michael ist sehr klar. Es sollte tunlichst darauf geachtet werden, ihn nicht mit irdischen Spielchen zu verärgern. Bemerkt Michael, dass ein Wesen nicht absolut liebevolle Absichten hegt, wird er es ohne Erklärung stehen lassen. Michael betreut die Sirius-Sphäre, die sein strategisches Wesen wunderbar widerspiegelt.

Unterstützt bei:
Schwäche – stellt Kraft zur Verfügung
Mutlosigkeit – verleiht Mut
Hilflosigkeit – schenkt liebevolle Autorität
Handlungsunfähigkeit – schenkt Kraft und Klarsicht für die Handlung

SERAPHIM JOPHIEL

Weisheitslehrer, sowohl im Universum als auch in der Einheit

Energie: Jophiel steht für Weisheit, Sanftmut, Heiterkeit und Standhaftigkeit. Seine Energie ist sanft, fast weiblich, und dennoch von einer männlichen Aura geprägt. Er ist sehr geduldig und ein Engel, der mit sehr viel Witz unterrichtet. Er ist immer heiter und verständnisvoll. Trotz seines humorvollen Wesens ist er tiefgründig und, wenn es ein muss, ernst. Seine Weisheit lehrt er allen Seelen im Universum. Er betreut die Seelensphäre der Elfen und Feen, die seinen Humor widerspiegeln.

Unterstützt bei:
Härte – verleiht Milde
Unkonzentriertheit – fördert Konzentration
Selbstzweifel – weckt den Forschergeist
Rechthaberei – verhilft zu Einsicht

SERAPHIM CHAMUEL

Liebe, Leichtigkeit, Hingabe und Kindlichkeit

Energie: Chamuel ist sanft, leicht, kindlich und erheiternd, ab und an etwas wild. Ihre kindliche Energie präsentiert sich vorwärtsgerichtet kraftvoll. Dieser Engel strahlt eine weibliche Schwingung aus. Gleichwohl kann sie sich auch männlich präsentieren. Chamuel arbeitet vorwiegend aus der zwölften Dimension. Sie schenkt dem Universum ihre Leichtigkeit, die in schwierigen Situationen Heilung bringt. Ihre Energie sendet sie daher in alle Dimensionen und in alle Projekte, selbst wenn sie nicht persönlich daran teilnimmt. Sie betreut die Seelensphäre der Wale und Delfine, die mit ihr die Hingabe an alles, was ist, teilt.

Unterstützt bei:
Engstirnigkeit – schenkt Offenheit
Schwere – unterstützt mit Leichtigkeit
Introvertiertheit – fördert Hingabe
Ernsthaftigkeit – fördert Verspieltheit
Kälte – unterstützt die Herzöffnung

SERAPHIM GABRIEL

Erneuerung, weibliche Schöpferkraft, Hoffnung, Geburt, Visionen

Energie: Gabriel ist mütterlich, streng, klar und beschützend. Sie ist eine strenge mütterliche Erscheinung, gibt Visionen und hilft bei allen Geburten, seien es Inkarnationsgeburten oder Ideengeburten. Gabriel ist die Mutter schlechthin. Sie arbeitet fast an allen Projekten mit oder ist zumindest in deren kosmischen Räten. Besonders die Tierwelt liegt ihr am Herzen. Alle Projekte, an denen Tiere beteiligt sind, sind für sie von außerordentlicher Wichtigkeit. Sie betreut die Regenbogen-Sphäre, in der nicht nur die Tiere, sondern auch alle Baumwesen zu Hause sind.

Unterstützt bei:
Kinderwunsch – hilft, Seelenkontakt herzustellen
Hoffnungslosigkeit – schenkt Hoffnung
Einsamkeit – schenkt mütterliche Geborgenheit
Planlosigkeit – unterstützt die Verwirklichung von Visionen
Ablehnung der Weiblichkeit – hilft, die Weiblichkeit zu leben

SERAPHIM RAPHAEL

Göttliche Heilung, Humor, Lehren

Energie: Raphael steht für einen englischen Humor und für Offenherzigkeit. Er gibt niemals auf, ist großzügig und tolerant, zielstrebig und fokussiert. Er lässt geschehen, was geschehen soll. Raphael ist ein begeisterungsfähiger Seraphim und ein großartiger Heiler. Er kann jedes Wesen unterstützen und bringt seine Heilkunst besonders auf der Erde mit ein. Durch sein humorvolles Wesen ist er fähig, Schmerz in Freude zu wandeln. Seine feine Handlungsweise verliert sich allerdings, wenn er im menschlichen Astralkörper körperliche Heilmethoden anwendet. Hier kann sein Wirken spürbar werden, indem der Mensch Schmerzen verspürt. Raphael begleitet die Seelensphäre Lemurien, in der die geballte kosmisch-göttliche Heilkraft wirkt.

Unterstützt bei:
Krankheit – schenkt Heilung
Resignation – verleiht Kraft zum Weitermachen
Trübsal – fördert Lachen
Flatterhaftigkeit – schenkt Stabilität
Zerstreutheit – stärkt den Fokus
Teilnahmslosigkeit – fördert das Interesse

SERAPHIM URIEL

Prüfen der Seelen, Stärke, Heilung, Visionen schöpfen; begleitet die Erde, seit die Engel hinzugekommen sind

Energie: Uriel verleiht Struktur und führt zur eigenen Entschlusskraft. Er hilft, die eigene Wahrheit zu finden, stärkt den Glauben an sich selbst und lehrt, spirituelle Macht liebevoll einzusetzen. Uriel ist ein feuriges Wesen, das dem Kosmos auf vielfältige Weise dient – sowohl als Heiler, besser gesagt als kosmischer Chirurg, als auch als Seraphim-Engel, der jede Seele, die einen Aufstiegsprozess durchläuft, prüft. Seine strenge Seite zeigt er nur, wenn sich Seelen zu weit mit Luzifer einlassen oder seinen Illusionen vollkommen verfallen. Er betreut die Seelensphäre Orion, die seine Kreativität hervorragend widerspiegelt.

Unterstützt bei:
Lethargie – bringt in liebevolle Aktion
Disharmonie – fördert Harmonie
Kraftlosigkeit – verleiht Stärke
Erschöpfung – stärkt die Impulskraft

SERAPHIM ZADKIEL

Universale Gesetze, innerer Wandel, Karmaüberwindung

Energie: Zadkiel ist ein leidenschaftlicher und zugleich ruhiger Engel. Seine Ruhe wirkt sich auf den gesamten Kosmos aus. Er sorgt in unserem Universum dafür, dass kosmische Gesetze eingehalten werden, und lehrt die Wesen die Auswirkung der Gesetze. Zadkiel nimmt seine allumfassenden Aufgaben sehr ernst. Wie Michael ist er im gesamten Kosmos unterwegs und anwesend. Ganz besonders bemüht er sich um Seelen, die die Seelensphäre von Luzifer verlassen haben und einen tief greifenden Reinigungsprozess durchlaufen müssen. Er gewährt allen Schutz vor Luzifer und unterstützt Michael im Kampf gegen die Polarität. Er betreut die Seelensphäre Plejaden, die eine sanfte und stetige Kommunikation im Universum ermöglicht.

Unterstützt bei:
Festhalten – hilft, loszulassen
Verlustangst – schenkt Sicherheit
Trauer – hilft, Frieden zu finden
Verbissenheit – schenkt Freiheit
Starre – weckt Leidenschaft

SERAPHIM METATRON

Aufsicht und Betreuung der Seelen beim Aufstieg im Allgemeinen; Beschützer für Indigo-, Kristall- und Diamantkinder

Energie: Metatron ist der erste Engel, der sein Bewusstsein vollkommen über die Erde entfaltet hat. Er ist ausgesprochen zielorientiert und selbstverantwortlich. Seine zielstrebige Art beeinflusst mittlerweile den gesamten Kosmos. Er lehrt die Seelen, Verantwortung zu tragen und damit ihre Freiheit zurückzugewinnen. Besonders für die Erde ist Metatron ein wahrhaftiger Segen. Unter den Seraphim-Engeln, die mit der Erde arbeiten, ist er der strengste. Seine Ruhe strahlt eine unbeschreibliche Macht aus, die er jedem Wesen zur Verfügung stellt, das an einem tatsächlichen Bewusstseinsprozess interessiert ist. Er ist konsequent, bei ihm gibt es keinerlei Grauzonen. Er begleitet die Larimar-Sphäre, die die Seelen der Kristallkinder auf die Erde sendet.

Unterstützt bei:
Orientierungslosigkeit – hilft, Ziele zu erkennen
Kontrollverlust – hilft, Grenzen zu akzeptieren
Depression – stärkt den Selbstwert
Verlorensein – gibt Raum

SERAPHIM SANDALPHON

Universale Entfaltungsvorgänge überwachen; Vermittler zwischen allen Planeten-, Sternen- und Sonnenwesen

Energie: Sandalphon ist ein lustiger, heiterer Engel, der immer zu einem Spaß aufgelegt ist. Mit seiner ausgesprochen sorglosen, unterhaltsamen Art bringt er viel Heiterkeit in düstere und schmerzhafte Bewusstseinsprozesse. Er unterstützt mit seinem leichten Sein alle Wesen. Sein Unternehmungsgeist animiert Seelen, Abenteuer auszuprobieren. Im Gegensatz zu seinem Zwilling Metatron ist er kein bisschen streng. Er achtet dennoch darauf, dass alle Seelen ihre eigene Verantwortung annehmen. Besonders die eigenständigen Handlungen der Seelen sind ihm wichtig. Er betreut die Sphäre Sun & Star, was seiner Vorliebe, im Universum herumzureisen, entspricht.

Unterstützt bei:
Sturheit – unterstützt die Selbstreflexion
Intrigen – fördert Ehrlichkeit
Resignation – verhilft zu mehr Aktivität
Schweigen – fördert Kommunikation

SERAPHIM NATHANIEL

*Kontrolle über die Grenze zu Luzifers Reich,
Einhaltung der Grenzen für alle Wesen,
Überprüfung der Aufstiegskriterien*

Energie: Nathaniel ist ein ruhiger Engel. Wird er herausgefordert, kann er zerstörerische Maßnahmen ergreifen. Er ist besonnen und absolut korrekt. Er akzeptiert keinerlei Unklarheit bei der Entfaltung. Jedes Wesen wird durch ihn geprüft, ob es seinen Aufstiegsprozess vollenden darf. Nathaniel ist für den Kosmos ein überaus wichtiger Engel. Er schützt das Universum vor der Energie der Sphäre Luzifers, indem er diese umhüllt und darauf achtet, dass die Seelen, die Luzifer angehören, ohne Umwege zu ihrem Bestimmungsort gelangen. Somit wird der Schaden, den diese Seelen anrichten, auf ein Minimum reduziert. Er ist ein großer Kriegerengel, sucht jedoch nicht die direkte Konfrontation mit Luzifer. Er betreut die Seelensphäre Zamarah, in der sowohl die Drachen und Drachenreiter als auch das Feuerwesen zu Hause sind.

Unterstützt bei:
Wankelmütigkeit – gibt Entscheidungskraft
Unruhe – fördert Besonnenheit
Lügen – verleiht Gradlinigkeit
Überheblichkeit – schenkt Demut
Nachgiebigkeit – stärkt die Standhaftigkeit

SERAPHIM HANIEL

Wesen in die 12. Dimensionsebene begleiten, weibliche Attribute leben und akzeptieren

Energie: Haniel ist der weichste, weiblichste Engel im Universum. Sie ist behütend und sanft und lehrt den respektvollen Umgang mit jedem Wesen. Sie ist gütig und fördert bei allen Seelen die Intuition. Die weibliche Schwingung Haniels ist in ihrer Sanftheit nicht zu übertreffen. Sie hilft dem Universum, die männlich-kriegerische Energie auszugleichen. Haniel ist in vielen Projekten zu Hause und dient immer an Orten, die Schauplatz der Gewalt oder von Luzifers Angriffen wurden, wodurch sie viel Heilung in den Kosmos bringt. Sie begleitet die Seelensphäre Ansara, in der der göttliche Frieden gehütet wird.

Unterstützt bei:
Gram – schenkt Güte
Härte – verleiht Mitgefühl
Grobheit – verleiht Zartheit
Ungeduld – fördert Geduld
Einsamkeit – hilft, gesehen zu werden

SERAPHIM MURIEL

Kosmische Lehren, Erwecken der Liebesfähigkeit

Energie: Seraphim Muriel ist ein agierender und gleichzeitig gemütlicher Engel. Sie verhilft mit ihrer ermutigenden Weise allen Menschen dazu, die Liebe zu fühlen und anschließend vertrauensvoll zu leben. Muriel ist eine bezaubernde, ausgleichende Energie. Ihr friedliebendes Wesen dient dem Universum in vielerlei Bereichen. Muriel erscheint immer dann, wenn Seelen auf der persönlichen Ebene in Disharmonie fallen. Sie ist die Vermittlerin zwischen allen Seelen im Universum und betreut eine Seelensphäre, die nicht auf der Erde vorhanden ist.

Unterstützt bei:
Wahnvorstellungen – verleiht Furchtlosigkeit
Feindseligkeit – fördert Freundschaft

SERAPHIM ARIEL

Manifestationskraft, Aktivität, weibliche Führungsrolle, göttliche Reinheit, Selbstkontrolle

Energie: Seraphim Ariel ist der unbezähmbare Engel. Ihre Wildheit, ihr Freiheitssinn und ihr logisches Denken helfen dir, deine Hürden selbstständig und mit liebevollen Handlungen zu überwinden. Sie lehrt dich, eine wahre Amazone zu sein. Ariel liebt die Freiheit und lässt sich nicht einschränken. Sie zeigt auf, dass es wichtig ist, seinen eigenen Weg zu finden und sich nicht durch die Energie der Illusion beeinflussen zu lassen. Ariel lebt die göttliche Wildheit vollkommen aus und lehrt, dass jede Seele das Recht auf Eigenständigkeit hat. Sie betreut keine Seelensphäre.

Unterstützt bei:
Befangenheit – stärkt die Risikobereitschaft
Scham – stärkt die Lust

Schlusswort

Ich kann mir sehr gut vorstellen, dass du vieles, was ich hier beschreibe, vielleicht nicht erwartet hast. Es war mir wichtig, das Bild, das die Menschen von Engeln haben, zu korrigieren. Will eine Seele tatsächlich mit einem Engel arbeiten, ist es von Vorteil, Engel und ihr Wesen zumindest im Ansatz erfassen zu können. Ja, auch Engeln unterlaufen Fehler. Ja, auch Engel besitzen einen Charakter und zeigen ihn. Ja, Engel können dich gnadenlos im Regen stehen lassen. Und ja, Engel sind nicht überheilig.

Verneige dich nicht, wenn dir ein Engel begegnet, und stelle ihn auch nicht auf ein Podest. Behandle und sieh ihn als deinesgleichen. Sieh ihn als Freund, als Mentor, als Beschützer oder als was immer du ihn sehen möchtest, jedoch nicht als etwas Überheiliges. DU BIST EIN WUNDER, vergiss das niemals.

Dieses Buch über die Engelsphäre zu schreiben, war für mich bewegend. Kam ich doch meiner Sphäre sehr nah und konnte ihre Unterstützung intensiv spüren. Meine kosmische Heimat zu beschreiben, ist kein leichtes Unterfangen. Vieles kann ich nicht in irdische Worte fassen, weil ich nicht weiß, wie ich es beschreiben soll. Schließlich sind wir in der Menschlichkeit, die ein universelles Denken nur schwer zulässt. Ich habe mein Bestes gegeben. Obwohl ich manchmal in der Energie versunken bin, war es eine wunderbare Erfahrung.

Die Erde ist schön, unbestritten. Mir gefällt es ganz gut hier. Dennoch war es schmerzhaft schön, die Bilder und Visionen zu sehen. In die Sphäre, aus der ich komme, eintauchen zu dürfen, war ein überwältigendes Erlebnis, und es fiel mir danach schwer, wieder irdisch zu sein. Besonders, da in dieser speziellen Zeit auf irdischer Ebene einige Abenteuer stattfanden. Ich gebe offen zu, dass mich an manchen Tagen eine Sehnsucht erfüllte, die ich nur mit Mühe ablegen konnte. Die Engelsphären-Energie auf der Erde in voller Pracht zu spüren, ist unbeschreiblich, und daher wollte ich es erst gar nicht versuchen. Mein Verständnis für die Erde öffnete sich in dieser Zeit. Eine wichtige Entwicklung begann in mir.

Intensiver zu verstehen, was und warum ich als Engel auf die Erde kam, ist ein intensiver Weg, der ganz sicher nicht abgeschlossen ist. Ich lerne jeden Tag, nein, jede Sekunde. Ich bin davon überzeugt, dass jeder Seraphim und jeder Engel eine Erdenerfahrung machen sollte. Wenn nicht mit Gaia, dann zumindest in einem ähnlichen Umfeld. Hier lernt man viel über Disharmonie und Harmonie. Das Wissen darüber ist ein wichtiger Baustein für die Auflösung der Polarität in unserem Universum. Innerhalb der Engelsphäre kann ein Engel das Wissen erfahren, das es im Universum braucht, damit die Wandlung gelingen kann.

In diesem Buch meine Erfahrungen mit den Engeln und Seraphim zu beschreiben, hat mich oft zum Lachen gebracht. Blicke ich jetzt auf die Situationen mit ihnen zurück, finde ich sie lustig. Als ich IN diesen Situationen steckte und sie gerade erlebte, empfand ich das natürlich ganz anders. Ja, ich beschreibe manches sehr irdisch, denn wir sind auf der ERDE.

Vergiss bitte nicht: Die Engel sind Wesen wie du und ich. Kein Wesen ist heiliger als das andere. Michael zum Beispiel ist wie du, und du bist wie Michael. Denke immer daran: Ganz gleich, wo wir uns gerade befinden, wir sind eins.

Love is all we are. Chamuel

Glossar

Im Buch nutze ich eventuell Wörter, die dir nicht bekannt sind. Gegebenenfalls kennst du Begriffe von anderen Autoren auch in anderer Verwendung. Die Inhalte dieses Buches spiegeln meinen persönlichen Blickwinkel, auf dem mein Wissen beruht. Gern erläutere ich dir deshalb hier zum besseren Verständnis einige grundlegende Begriffe. So fällt es dir leichter, Zusammenhänge allumfassender zu beurteilen.

UNIVERSUM

Es gibt viele Millionen Universen innerhalb der Einheit. Der Aufbau dieser Universen und die Art ihrer Existenz gestalten sich anders als in unserem Universum, das von der Einheit getrennt ist. Die Art eines Universums ist vorwiegend von den einzelnen Seelen abhängig, die in ihm existieren. Man kann sich ein Universum als Luftblase im Ozean vorstellen. Der Ozean ist die Einheit, die Luftblase unser Universum. Im Normalfall entsteht ein Universum und löst sich wieder auf. Wir treiben im Meer der unendlichen Einheit, umgeben von vollkommener Liebe. Der riesige Ozean ist das Schöpferzentrum, und wir schweben mit dem Universum in diesem gigantischen Sein. Die Seelen in einem Universum können die Einheit fühlen und beginnen, danach zu streben. Ihr Drang, wieder in die Einheit einzutauchen, ist übermächtig, der Fokus aller Seelen richtet sich geschlossen auf das Zentrum – und das so lange, bis sich das Universum in die Einheit ergießt.

In unserem Universum richtet sich das Bewusstsein eines jeden jedoch in eine andere Richtung. Erst ab der zehnten Dimension – hier verliert sich die Materie und es existiert nur noch Schwingung – beginnen die Seelen, ihren Fokus auf das gemeinsame Ziel zu richten.

Aus diesem Grund existiert unser Universum schon länger als jedes Universum zuvor. Es dehnt sich zwar durch die göttlichen Ströme aus, jedoch sind noch nicht alle Wesen in unserem Universum bereit, den Fokus auf ein gemeinsames Ziel zu richten. Doch die Ausdehnung ist irdisch messbar und zeugt davon, dass ein Wandel im Bewusstsein der Seelen auch in den unteren Dimensionen stattfindet. Das bedeutet, dass die Seelen der unteren Dimensionen aufwachen und hinauf zur Einheit streben. Daraus folgt, dass egal, welchen Weg wir wählen, wir letzten Endes immer an der Grenze zur Einheit ankommen. Sobald alle Wesenheiten in unserem Universum ihre eigene wundervolle Göttlichkeit erkannt haben, werden wir in einer fließenden Bewegung wieder eins mit der Einheit.

SEELENSPHÄREN

Im Universum entstanden unterschiedliche Seelensphären, Energiefelder, in denen sich Wesen zusammenfanden. Die Seelensphären boten diesen Wesen eine Art Heimat oder Stützpunkt, an den sie jederzeit zurückkehren können. Zudem erarbeiten die Seelen der Seelensphären gemeinsam Erfahrungswelten, in denen Abenteuer erlebt werden.

KOSMISCHER RAT

Damit der Prozess der Bewusstwerdung von jeder Seele ohne spezielle Bevorzugung bewerkstelligt werden kann, gibt es eine Art Schiedsrichterkomitee, den sogenannten kosmischen Rat. Dieser Rat setzt sich aus vielen verschiedenen Wesen zusammen. Jede Wesenheit ist im hohen Rat vertreten, und zwar immer das Wesen mit dem am höchsten entwickelten Bewusstsein seiner Art. Gibt es mehrere Seelen desselben Bewusstseinsniveaus, wird eine dieser Seelen für die Aufgabe ausgewählt. Bei den Engeln übernimmt Seraphim Michael diese Aufgabe. Bei den Lichtwesen hat diese Aufgabe zumeist Saint Germain inne.

DIMENSIONEN

In unserem Universum gibt es zwölf Dimensionen, und innerhalb jeder Dimension gibt es zwölf Ebenen. Oft stellen wir uns vor, dass wir, wie auf einer Leiter, die verschiedenen Bewusstseinsstufen durchlaufen. Haben wir eine Ebene erreicht, dann geht es weiter, bis wir ganz oben sind, wo wir zur Belohnung unser Gottesbewusstsein erhalten. Doch das Prozedere gestaltet sich ein wenig anders. Nachdem wir unser volles Bewusstsein entfaltet haben, machen wir es uns zur Aufgabe, andere Wesenheiten in unserem Universum bei ihrem Aufstiegsprozess zu unterstützen, denn erst, wenn alle Wesen im gesamten Universum ihr Bewusstsein vervollkommnet haben, können wir wieder alle zusammen in die Einheit eintauchen.

Die Dimensionen und Ebenen entsprechen den unterschiedlichen Bewusstseinsgraden der Wesen. In der zwölften Dimension und der zwölften Ebene steht das »Tor der Einheit«. Hier wacht Seraphim Chamuel über die Energieströme, die sich dort tummeln.

In der zwölften Dimension gibt es keine Negativität mehr und auch keinen freien Willen. Negative Gedanken sind in den unterschiedlichen Dimensionen verschieden stark ausgeprägt. In der unteren Dimension ist die Gefahr, der Illusion zu erliegen, dennoch nicht höher ausgeprägt als in der hohen Dimension. Nur die Art und Weise unterschiedet sich.

So, wie es auf unserer Erde verschiedene Nuancen zwischen Tag und Nacht gibt oder zwischen Jung und Alt, so gibt es die verschiedenen Stufen in der Schattenwelt und dem Universum. Das hat nichts damit zu tun, dass etwas gut oder böse ist. Die Dimensionen und ihre Ebenen beziehen sich ausschließlich auf die unterschiedlichen Bewusstseinsgrade eines Wesens oder einer Wesenheit. Ich kann etwas nicht verstehen und entsprechend handeln, ohne dass ich »böse« bin. Dies geschieht, sofern ich es weder mit meinem Verstand noch mit meinem Herzen begreifen kann! Einfach, weil ich bis jetzt nicht den Bewusstseinsgrad erreicht habe, der mir diese Erleuchtung in sämtlichen Ebenen ermöglicht. Ein Kind der ersten Klasse kann die Aufgaben, die den Schülern in der zwölften Klasse gestellt werden, auch nicht lösen. Die entsprechenden Lernerfahrungen wird es sich erst beim Durchlaufen des Schulprozesses aneignen.

Am Beispiel Luzifer wird deutlich, dass eine Wesenheit mit absolut dunklen, bösen Absichten durchaus eine sehr hohe Bewusstseinsstufe erreichen kann. Luzifer besitzt weiterhin das Bewusstsein eines Seraphim und lebt dieses Bewusstsein im Vollkommenen.

VIERTE UND FÜNFTE DIMENSION

Auf unserem Weg der Bewusstwerdung durchschreiten wir verschiedene Ebenen und Dimensionen. Absolvieren wir erfolgreich eine Bewusstwerdung, so erhalten wir Zugriff auf die nächste Ebene oder Dimension. Eröffnet sich in uns die nächste Ebene, beleuchtet unsere Seele den vor uns liegenden Weg. Aktuell stehen wir an der Schwelle von der dritten in die fünfte Dimension. Gaia wirft bereits ihr Licht auf diese fünfte Dimension. Somit ist der Weg für alle Seelen sichtbar, die auf der Erde ihr Bewusstsein angehoben haben. Gaia sieht und spürt die fünfte Dimension und ist bereits mit ihrem Bewusstsein auf dieser Ebene. Bereit dazu war sie schon vor Jahrtausenden.

Da Gaia die vierte Dimension übersprungen hat, wurden Seelen, die sich nach ihrem irdischen Tod nicht auf den Weg nach Hause begeben haben, in der vierten Dimension »geparkt«. Die Seelen, die dort ausharren, durchlaufen einen auf sie abgestimmten Bewusstwerdungsprozess. Wie sich dieser Aufstiegsprozess gestaltet, hängt davon ab, inwieweit die Seele weiterhin an der Erde und an ihrem vergangenen Leben auf der Erde festhält.

Die Seelen, die sich nicht, aus welchem Grund auch immer, vollständig von der Erde lösen, müssen ab dem Zeitpunkt von Gaias Dimensionssprung in ihre Seelensphären zurückkehren. Sofern sie gewillt sind, sich der Liebe Gottes zuzuwenden, stellt das kein Problem dar. Ist dem nicht so, wartet gegebenenfalls die Ebene von Luzifer auf sie, wobei es nicht so einfach ist, in Luzifers Reich einzutauchen.

Existiert die Erde in der dritten Dimension nicht mehr, kann es auch keine vierte Dimension mehr geben. Die Geistwesen der vierten Dimension müssen den Aufstiegsprozess zwangsläufig durchlaufen, da das Energiefeld ohne Gaia kein eigenes Bewusstsein hat – damit entfällt den Wesen ihr Anker.

Wichtig ist, dass sich diese Ebene gleichwohl in einem Wandlungsprozess befindet. Die vierte Dimension ist zwar nicht die netteste und liebevollste Ebene, dennoch entspricht sie nicht Luzifers Sphäre! Die Wesenheiten, die darin leben, sind keine Dämonen! Sie haben sich schlicht verlaufen.

Dass innerhalb eines Projekts eine komplette Dimension übersprungen wird, ist außergewöhnlich und keineswegs üblich. Dass es Gaia dennoch erlaubt wurde, hat mit dem besonderen Umstand der vierten Dimension als Geistebene zu tun. Üblicherweise muss ein Wesen seine Bewusstwerdung Schritt für Schritt vollziehen und seine Lernschritte dementsprechend gehen. Gaia muss so lange auf der zwölften Ebene der dritten Dimension ausharren, bis sie das Bewusstsein der fünften Dimension erreicht hat.

ERDE – GAIA

Gaia ist der kosmische Seelenname der Erde, ihr Spirit. Gaia ist – wie du und ich – eine Seele oder ein Wesen, das selbstständig denkt und handelt. In diesem Buch verwende ich den Begriff »Erde« ebenso oft wie den Namen »Gaia«. Die Bezeichnung »Erde« verwende ich zumeist für das Projekt »Erde«, womit ich die Gesamtheit der Materie auf und in der Erde meine.

Planetenwesen wie die Erde (Gaia) vollbringen selbstständig ihren Aufstiegsprozess. Als einzelnes Bewusstsein erheben sie ihr Sein auf die nächsthöhere Ebene oder sogar in die nächsthöhere Dimension. Dieser Vorgang vollzieht sich im Augenblick bei Gaia. Das Urbewusstsein der Erde (Gaia) ist mit dem göttlichen Strahl (Silberschnur) direkt im Gottesbewusstsein verbunden, und er existiert explizit in dieser einen Dimension und Ebene – derzeit in der fünften Dimension. Die Erde bereitet sich zurzeit konkret auf den Dimensionssprung in die fünfte Dimension vor. Sie musste in ihrem Aufstiegsprozess eine ganze Dimension überspringen. Für Gaia bedeutet dieser Dimensionssprung eine gewaltige Explosion seines Bewusstseins.

Gaia als Wesenheit war zuerst ein göttlicher Energiegedanke an einer beliebigen Stelle im Universum. Das Universum ist in unserem Fall die Raum-/Zeit-/Materien-Komponente der göttlichen Schöpfung. Gaia hat sich diesen Platz im Universum, in unserer Galaxie, explizit ausgesucht. Sie verankerte sich mit dem kosmischen Raum-Zeit-Gefüge und begann, ihre Schwingung zu leben.

Da Gaia nur in einer Dimension und Ebene existiert, hat sie nur in dieser Dimension ihre Seelenanteile in den Chakras, die über das Erdenergiefeld verteilt sind. In der Schweiz existiert das neunte Chakra am Zürichsee mit sehr vielen Seelenanteilen.

Im Übrigen ist Gaia nicht per se weiblich, sondern besitzt eher eine männliche Energie.

ZEITQUALITÄT

Zeit, wie wir sie auf der Erde kennen, existiert in der Engelsphäre nicht. Auch in der Einheit ist Zeit nicht vorhanden. Das Gefühl der Zeit entstand in unserem Universum durch die verlangsamte und herabgesenkte Schwingung, die aus unserem Bewusstseinsverlust resultierte. Vereinfacht kann man es so ausdrücken: All die Dinge, derer du dir noch nicht bewusst bist, nimmst du als Zeit wahr. Daraus folgt: Je bewusster du bist, desto weniger nimmst du Zeit wahr, desto weniger berührt dich der Wille, bewusster werden zu müssen. Nehmen wir das Beispiel Erde: Sie schwingt in der fünften Dimension, und eine Inkarnation in diese Ebene dauert ca. 80 Jahre. Inkarnierst du in die sechste Dimension in der Seelensphäre Lemurien dauert eine Inkarnation 5000 Jahre. Die 5000 Jahre werden dir wie 80 Jahre vorkommen, da Lemurien in seiner tiefsten Bewusstseinsebene bereits die sechste Dimension erreicht hat und höher schwingt.

Du kannst es dir in etwa so vorstellen: Kommst du in die erste Klasse, nimmst du vor dir einen gigantischen Weg wahr, da du alle elf Klassen über dir erkennen kannst. Du weißt, dass es viel zu lernen gibt, und alles ist neu und unbekannt für dich. Das erste Schuljahr dauert ewig lange für dich, weil es so viel zu lernen und zu erforschen gibt. Je weiter du die Klassenstufen hinaufsteigst, desto schneller kommen dir die Lehrjahre (Schuljahre) vor, da dir vieles schon bewusst ist. Gleichzeitig hast du das Gefühl, dass die Zeit schneller als in der ersten Klasse an dir vorbeirauscht. Dein Bewusstsein zeigt dir auf der einen Seite, dass es nicht mehr so viele Stufen gibt, auf der anderen Seite werden die Lernschritte tiefer und berühren deine Seele/dein Bewusstsein intensiver. Beendest du das zwölfte Schuljahr, bist du vollkommen bewusst, und alle weiteren Schuljahre verflüchtigen sich. Die Zeit hat sich aufgelöst.

BEWUSSTSEIN

Alle Seelen entstehen in der Einheit und werden aus dem göttlichen Zentrum geschöpft. Als du geschöpft wurdest, »hauchte« Gott einen goldenen Atemfunken in deine Seele ein. Hierdurch erhieltst du ein lebendiges, bewusstes Sein. Jede Seele setzt sich aus Millionen von Seelenanteilen zusammen, und jeder Anteil besitzt seinen persönlichen Charakter. Dies ist der Grund, warum wir in uns zahllose Fähigkeiten und unterschiedliche Eigenschaften besitzen. Alle Seelenanteile zusammen bilden den Aspekt deiner göttlichen Seele. In unserem Universum gibt es kein neu geschöpftes Bewusstsein. Es gibt keine »neuen« Seelen!

Das gesamte Universum ist ein großes, denkendes, bewusstes Sein. Nichts, was dir begegnet, ist tot. Weder ist ein Stein oder die Luft noch das Wasser oder ein Stück Holz tote Materie. Alles lebt und drückt sein Bewusstsein schlicht auf eine andere Weise aus.

DIE AKASHACHRONIK

Sie ist das Lebensbuch unseres Seins, unserer Seele, unserer Existenz in allen Ebenen und Dimensionen im Universum. In diesem »Buch« ist alles vermerkt, was wir erlebt haben, was wir gerade erleben und was wir noch erleben werden. Alle Aufgaben, Projekte und Entwicklungen sind darin aufgezeichnet. Einfach alles, was du in diesem Universum erleben möchtest oder schon erlebt hast.

ZWILLING

Jedes Wesen wird mit einem dualen Aspekt erschaffen. Das bedeutet: Jede Seele besitzt einen Zwilling. Er lebt ergänzende Aspekte von dir – oder du von ihm, je nachdem, aus welchem Blickwinkel man es betrachtet. Mit deinem Zwilling bist du bis in die Unendlichkeit verbunden, im Universum ebenso wie in der Einheit. Ihr repräsentiert einen Aspekt der göttlichen Liebe, und der Aspekt findet auf zwei Arten seine Bestimmung.

SEELENPARTNER

Jede Seele besitzt einen Seelenpartner. Dieser Partner muss nicht aus deiner eigenen Sphäre kommen. Es kann durchaus sein, dass du beispielsweise als Lichtwesen einen Engel als Seelenpartner gewählt hast. Was ich noch nie gesehen habe, ist, dass ein Licht- oder Engelwesen ein Tier- oder Baumwesen als Seelenpartner erwählt hat. Dennoch will ich dies nicht gänzlich ausschließen.

Seraphim Michael erklärte mir die Seelenpartnerschaft wie folgt: Dein Zwilling ist dein Herz und besitzt eine Hälfte deines Herzens, also deiner Liebesfähigkeit, und gemeinsam seid ihr eins. Dein Seelenpartner ist deine Liebe. Gemeinsam seid ihr die vollkommene Schöpfung. Dies gilt für alle Seelen, ebenso für Steine wie für Tiere oder sonstige Geschöpfe.

SEELENFAMILIE

Den Begriff »Seelenfamilie« benutze ich für die Gemeinschaft, in der du sphärisch mitarbeitest. Seelenfamilien haben ein umfangreiches Bewusstwerdungsprogramm, das die Teilnahme an verschiedenen Projekten beinhaltet. Die Projekte werden von einem Avatar oder Seraphim geleitet, den du selbst ausgewählt hast. Die Mitglieder einer Seelenfamilie bestehen aus unterschiedlichen Wesen, zum Beispiel Lichtwesen, Engelwesen, Baumwesen, Drachen, Einhörnern usw. Alle zusammen ergeben eine Seelenfamilie.

SEELENGRUPPEN

Als Seelengruppe bezeichne ich die Gesamtheit einer Energie. In ihr sind alle Seelen mit derselben Energieschwingung zusammengefasst. Alle Seelen einer Seelengruppe sind bildlich gesehen aus demselben Stoff gewebt, tragen jedoch unterschiedliche Muster. Beispielsweise gibt es die Seelengruppe der Kristalle, der Engel, der Tiere, der Lichtwesen, der Sterne oder der Drachen.

Manche Seelengruppen absolvieren ihren Aufstieg miteinander, indem sie auf die einheitliche Bewusstwerdung jeder Seele innerhalb dieser Gruppe warten und erst dann die nächste Stufe erklimmen, wenn alle ihre Erfahrung abgeschlossen haben. Die meisten Seelen einer Seelengruppe beschreiten ihre Bewusstwerdung jedoch einzeln. Sie sind zwar mit ihresgleichen verbunden, bewegen sich innerhalb dieses Verbundes jedoch absolut frei und losgelöst. Jede Seele entscheidet für sich selbst das Tempo ihrer Bewusstwerdung. Dabei lieben sich alle Seelen und helfen ebenso anderen Wesen, die Bewusstwerdung voranzutreiben.

CHAKRA

Chakras sind Energiezentren oder Energieverteiler mit eingebauten Transformationsstationen zum Herunterfahren unserer hohen Schwingung. Die Energie des Chakrastrahls und der Transformationsstationen entsteht aus dir selbst, sobald du in eine andere Sphäre inkarnieren willst. Du richtest deinen Fokus auf die Sphäre, in die du inkarnierst, und stellst zu dieser eine Verbindung her, indem du einen Energiestrahl aussendest ähnlich wie einen Gedanken. Verlassen wir unsere Heimatsphäre mit Seelenanteilen, benötigen wir einen Schutzmantel für unsere Seele. Diese Aufgabe übernimmt dein Geburtsengel, der den Chakrastrahl aufbaut. Zudem benötigen wir ein Energiefeld, in dem wir unsere Schwingung ohne Gefahr verringern können. Dies sind die Transformationsstellen im Chakrastrahl. Manifestieren wir einen Körper, gleich in welcher Dichte, so werden im Körper unsere Seelenanteile in die Transformationsstellen eingebettet und darin gehütet. Durch das Einbetten unserer Seelenanteile in die Schaltzentralen der Chakras können wir unsere Essenz in jeden Winkel unseres Körpers einfließen lassen. Wir beleben unsere Körper (alle zwölf Astralkörper inklusive materiellem Körper) mit unserer Energie und werden in der neuen Sphäre geboren. Wir selbst entscheiden, wie viele Transformationsstationen wir benötigen und wie tief wir unser Bewusstsein herabsenken.

In der Einheit und in deiner Seelensphäre gibt es die Energieform der Chakras nicht. Die Chakras dienen bei einer Inkarnation als Schutzmantel für deine Seelenanteile. In der eigenen Seelensphäre sind wir durch unsere Urseele vollkommen geschützt. Erst durch die Bündelung und »Ablösung« der Seelenanteile von unserer Seelensphäre wird dieser besondere Schutzmantel nötig. Dies gilt in gleichem Maße für die Engel. Sie besitzen ebenfalls einen Chakrastrahl mit vielen Transformationsstationen.

CHAKRASTRAHL VS. SILBERSCHNUR

Viele verwechseln den Chakrastrahl mit der Silberschnur. Wir sind zwar im Universum und daher von der Einheit getrennt, doch selbstverständlich hat jedes Wesen eine Verbindung zu Gott. Diese Verbindung wird Silberschnur genannt. Die Silberschnur reicht von deinem Herzzentrum in deiner Seelensphäre direkt in die Einheit. Sie ist dein Draht zur Göttlichkeit in dir. Die Silberschnur ist unzerstörbar und löst sich niemals auf. Es sei denn, wir tauchen wieder in die Einheit ein. Hier ist sie nicht mehr vonnöten.

Danke

Zuerst das Wichtigste: Falls ich in meiner Danksagung jemanden vergessen haben sollte, war das keine Absicht. Entschuldigt!

Die Zeit des Schreibens verlangt nicht nur einem Autor einiges ab. Freunde und Familie werden auf die Seite geschoben, und jeder zweite Satz lautet: »Ich kann jetzt nicht, ich bin dabei, mein Buch zu schreiben.« Am Anfang waren alle noch sehr beeindruckt, doch mit der Zeit hat es angefangen, sie zu nerven. Dennoch, alle haben tapfer durchgehalten und dafür an ALLE: DANKE.

Ein Dank geht an alle, die mich in dieser Zeit tatkräftig mit ihrem Einsatz und auch mit ihrem Glauben unterstützt haben. Das sind so einige. Ich finde es immer wieder faszinierend, wie viele Menschen sich in solch einer Zeit als wahre Freunde offenbaren. Das ist eine wundervolle Erfahrung.

Und so darf ich mich dem Leben, meinen Aufgaben, meiner Familie, meinen Freunden, meinen Weggefährten und meinen sphärischen Begleitern und selbstverständlich Gott hingeben und ihnen aus vollem Herzen und mit aller Liebe, zu der ich auf Erden fähig bin, danken.

An einem Buch ist natürlich nicht nur der Autor beteiligt, da gibt es beispielsweise Freunde, die es als Erste lesen und Kommentare abgeben, auf die man gern verzichten würde, zum Beispiel weil ich einen Satz nicht beendet habe oder er ganz fehlt. Oder ich etwas so kompliziert erklärt habe, dass es außer mir keiner versteht. Auf der anderen Seite ist es berührend, zu erfahren, dass das Buch toll ist und jetzt vieles klarer erscheint.

Und es ist natürlich eine wunderbare Erfahrung, wenn man anfängt, zu diskutieren, wenn herzliche Gespräche entstehen und ich merke: Meine Botschaft kommt an.

Ein großes Danke geht an Heidi und Markus Schirner. Es ist mir eine Ehre, für euch schreiben zu dürfen. Ein liebevolles Dankeschön geht an Kerstin Noack, meine Lektorin beim Schirner Verlag. Wie wundervoll, dass du mich begleitest und so sanft mit meiner manchmal etwas stürmischen Energie umgehst.

Nun, der Prozess ist vielfältig, und mit jedem Buch lerne ich dazu und immer neue Seiten von Menschen kennen. Allen will ich hier DANKEN.

Meiner Familie zu danken, ist ein erhebendes Gefühl. Ich liebe euch. Ich wüsste nicht, wie ich ohne euch die Erde erleben würde. Ihr gebt mir immer wieder Hoffnung, und mit euch zu sein, ist pure Freude.

Ich danke meinem wundervollen Ehemann, der viel Irdisches abfängt und mich dennoch dazu drängt, es mir anzusehen. Du lässt mich das leben, was ich bin: ein Engel auf Erden, mit allem, was dazugehört.

Ich danke meinen zwei sphärischen Begleitern Seraphim Michael und Seraphim Uriel. Sie haben mit mir sicherlich nicht den leichtesten Job, jedoch war es ihre Entscheidung, mich zu begleiten. Aus dieser Sicht betrachtet hoffe ich, ihr habt dennoch Spaß.

Einen besonderen Dank sende ich an Angela Niels für die wundervollen Bilder der Seraphim.

Und meinen wundervollen Freunden ... Bashtar Paul Katzlberger, Raphael Felber, Birgit Grace Glowalla, Chamuel Sandra Zottele, Katrin Aishaniel Witgert, Diana Amalia Kerl-Skurka und Sandalphon Reno Müller, ich bin wirklich reich beschenkt. DANKE, dass ihr beschlossen habt, mit mir hier auf der Erde zu sein.

Zudem will ich allen Seminarteilnehmern und Lesern meiner Bücher aus tiefstem Herzen danken. Ohne euch wäre mein Auftrag nicht zu erfüllen. Ohne euch gäbe es dieses Buch gar nicht. Danke für euer Vertrauen.

In Liebe

Chamuel

Über die Autorin

Chamuel Schauffert bietet Seminare, Workshops, Channelings und Vorträge in Deutschland, Österreich und der Schweiz an – mit dem Ziel, spirituelles Bewusstsein zur Entfaltung zu bringen. Ihr Anliegen ist es, den Menschen ihr Wissen auf eine liebevolle Art näherzubringen. Sie ist davon überzeugt, dass eine spirituell ausgerichtete Denkweise das irdische Leben vollkommen mit einschließt, und unterstützt Menschen in ihren Seminaren dabei, eine Bewusstseinsentfaltung in Freude und Freiheit zu erleben.

www.chamuel-world-of-spirit.com

Zugang zur kosmischen Heimat

Alles, was auf der Erde existiert, hat seinen Ursprung im Universum bzw. in einer der 12 Seelensphären. Ob Lemurien-, Regenbogen- oder Sirius-Sphäre, Engel-Expertin Chamuel Schauffert erinnert uns an unseren kosmischen Ursprung. Mit dem Wissen, aus welcher Sphäre wir stammen, können wir unsere Aufgabe im Leben klarer und die Vielfalt unseres Seins bewusster annehmen.

Chamuel Schauffert
Die zauberhafte Welt deiner Seelenheimat
Botschaften und Impulse der Seelensphären, Avatare und Seraphim-Engel

256 Seiten
ISBN: 978-3-8434-1351-0

Chamuel Schauffert
Dein Seelenheimat-Orakel
Die zauberhafte Magie der Seelensphären, Avatare und Seraphim-Engel

40 Karten mit Begleitbuch
ISBN: 978-3-8434-9106-8

Aktiv die Neue Zeit gestalten

Die Welt befindet sich im Wandel! Wir stehen an der Schwelle von der dritten in die fünfte Dimension. Für viele Menschen ist die Suche nach Wegen, das eigene Bewusstsein zu erhöhen und aktiv an der Gestaltung einer neuen Zeit mitzuwirken, jetzt wichtiger denn je. Doch nicht nur wir Menschen, auch unsere Erde, Gaia, ist längst bereit, den Wandel hin zum Paradies zu vollziehen. Samairis ist das neue Zeitalter der göttlichen Vergebung und Liebe. Wie es entstanden und warum es für unsere Entwicklung in der Neuen Zeit so wertvoll ist, erklärt Chamuel Schauffert in diesem Buch.

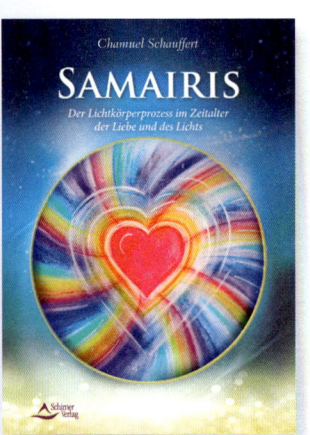

Chamuel Schauffert
Samairis
Der Lichtkörperprozess im
Zeitalter der Liebe und des Lichts

184 Seiten
ISBN: 978-3-8434-1390-9

Bildnachweis

Bilder von der Bilddatenbank www.shutterstock.com:
Schmuckelemente: Flügel: #224648659 (©Polar_lights), #246726588 (©xenia_ok), Federn: #485698984 (©Drekhann), Ranke: #128623250 (©Roberto Castillo), Hintergrund: #100184282 (©agsandrew), #351379106 (©Nikki Zalewski)
Weitere Bilder: S. 9 #317121953 (©UMB-O), S. 13 #313011164 (©Nikki Zalewski), S. 15/93/113/132/149 #364455266 (©fractal-an), S. 19 #785900224 (©Zwiebackesser), S. 27 #521694289 (©Triff), S. 31 #187401779 (©UMB-O), S. 32 #1093559528 (©Sergey Nivens), S. 36 #1495425917 (©namchetolukla), S. 39 #569453872 (©Igor Kardasov), S. 42 #212136709 (©Bruce Rolff), S. 46 #100644574 (©lunamarina), S. 49 #753519913 (©Zwiebackesser), S. 53 #1073826122 (©CARACOLLA), S. 56 #34913869 (©A & B Photos), S. 59 #507529864 (©Thoom), S. 63 #389913928 (©Yuriy Mazur), S. 65 #99527030 (©Photosani), S. 66 #1117279712 (©Fer Gregory), S. 74 #285580538 (©phloxii), S. 76 #521299015 (©IgorZh), S. 79 #666503434 (©Zakharchuk), S. 82 #220852885 (©Nikki Zalewski), S. 85 #397828375 (©UMB-O), S. 87 #1146833495 (©Nikki Zalewski), S. 90 #745848136 (©Zwiebackesser), S. 95 #1409992682 (©Rost9), S. 102 #472392547 (©Boiko Olha), S. 104 #227029141 (©Nikki Zalewski), S. 106 #262370162 (©Photosani), S. 110 #319723136 (©PlusONE), S. 113 #474814810 (©Oleksandr Kolesnyk), S. 117 #765740515 (©UMB-O), S. 124 #1116355001 (©Nikki Zalewski), S. 129 #406697947 (©Photosani), S. 137 #730368430 (©Bruce Rolff), S. 143 #241728664 (©Doraemonz32), S. 144 #763113400 (©Denis Novolodskiy), S. 153 #584249878 (©Cristina Conti), S. 169 # 500743249 (©Nikki Zalewski), S. 170 #227029141 (©Nikki Zalewski), S. 172 #772502080 (©Nikki Zalewski), S. 174 #1468025507 (©Zelenov Yurii), S. 178 #766847608 (©Min C. Chiu), S. 183 #1073826122 (©CARACOLLA)

Bilder der Seraphim auf S. 156–168: © Angela Niels

Danke
für deine REZENSION

– Gemeinsam sind wir mehr –

Liebe Leserin, lieber Leser,

von Herzen danken wir dir, dass du dieses Buch in den Händen hältst und es bis zum Ende gelesen hast. Das bedeutet uns, dem Schirner Verlag und seinen Autoren, sehr viel. Aus voller Überzeugung und mit Hingabe widmen wir uns seit vielen Jahren Themen, die unser aller Lebensqualität und Bewusstwerdung dienlich sind, und hoffen, einen Beitrag für eine lichtvollere Welt leisten zu können. Wenn dir unsere Arbeit gefällt, möchten wir dich bitten, dir einige Minuten Zeit zu nehmen, um dieses Buch zu rezensieren. Warum? Die meisten Menschen lesen Rezensionen, bevor sie ein Buch kaufen, da sie hierdurch einen Eindruck bekommen, ob und wie der Inhalt des Buches den Leser erreicht hat. Eine kurze Rezension ist dabei ebenso hilfreich wie eine lange, sehr ausführliche. Um es auf den Punkt zu bringen:

Eine Rezension ist heutzutage die beste Werbung für ein Autorenwerk!

Wenn du den Schirner Verlag und seine Autoren neben dem Buchkauf auch anderweitig unterstützen willst, dann bitten wir dich: Schreibe für jedes Werk eine Rezension – vielleicht als persönliche Leseempfehlung für die Buchhandlung in deiner Nähe oder online, z. B. beim Schirner Verlag. Das wäre nicht nur eine Wertschätzung für die Autoren, sondern kann dazu beitragen, dass die Verkaufszahlen steigen und der Schirner Verlag auch in herausfordernden Zeiten Bestand hat.

WIE SCHREIBT MAN EINE REZENSION?

Grundsätzlich sollte eine Rezension aus der eigenen, subjektiven Sicht geschrieben werden, da es sich um eine persönliche Meinung handelt. Du kannst in zwei Sätzen deine Gefühle zu dem Buch äußern oder eine längere Rezension verfassen. Falls du nicht weißt, wie du beginnen sollst, hier ein paar Anregungen:

- War das Buch leicht verständlich geschrieben? Wie hat dir die Sprache gefallen? Wie war die Aufteilung zu den verschiedenen Themen?

- War es unterhaltsam? War es deiner Meinung nach mit Herzblut und Liebe geschrieben? Wie hat es auf dich gewirkt?

- Hat es dein Herz berührt? Konntest du dich wiederfinden?

- War es tief greifend genug? Hast du viel Neues gelernt?

- Hat es gehalten, was der Titel und die Buchbeschreibung versprochen haben? Hat es deine Erwartungen erfüllt?

- Was macht das Buch besonders? Warum sticht es heraus im Vergleich zu anderen Büchern, die ein ähnliches Thema behandeln?

- Würdest du das Buch weiterempfehlen oder verschenken?